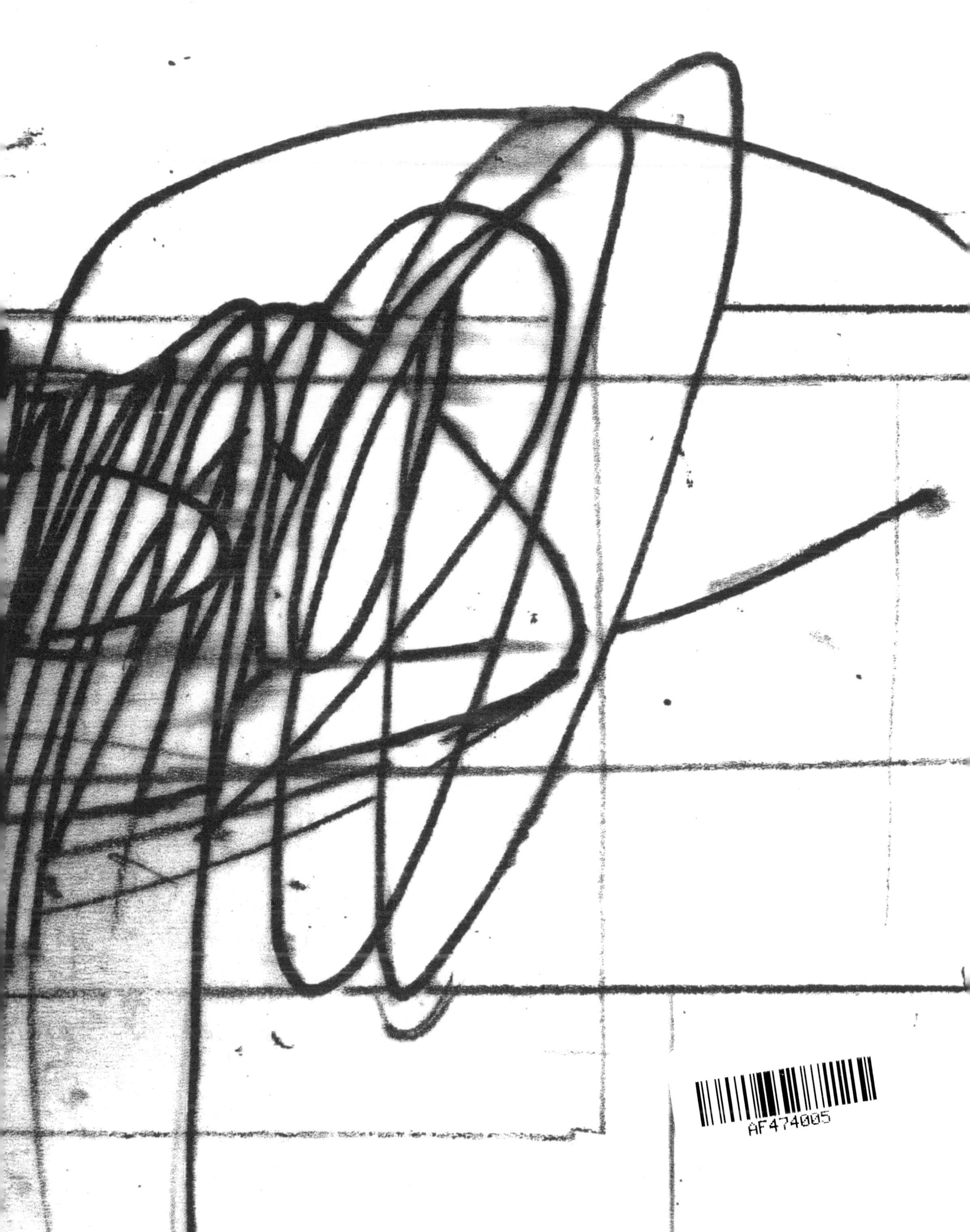
AF474005

Pia Burrick

Lines and light

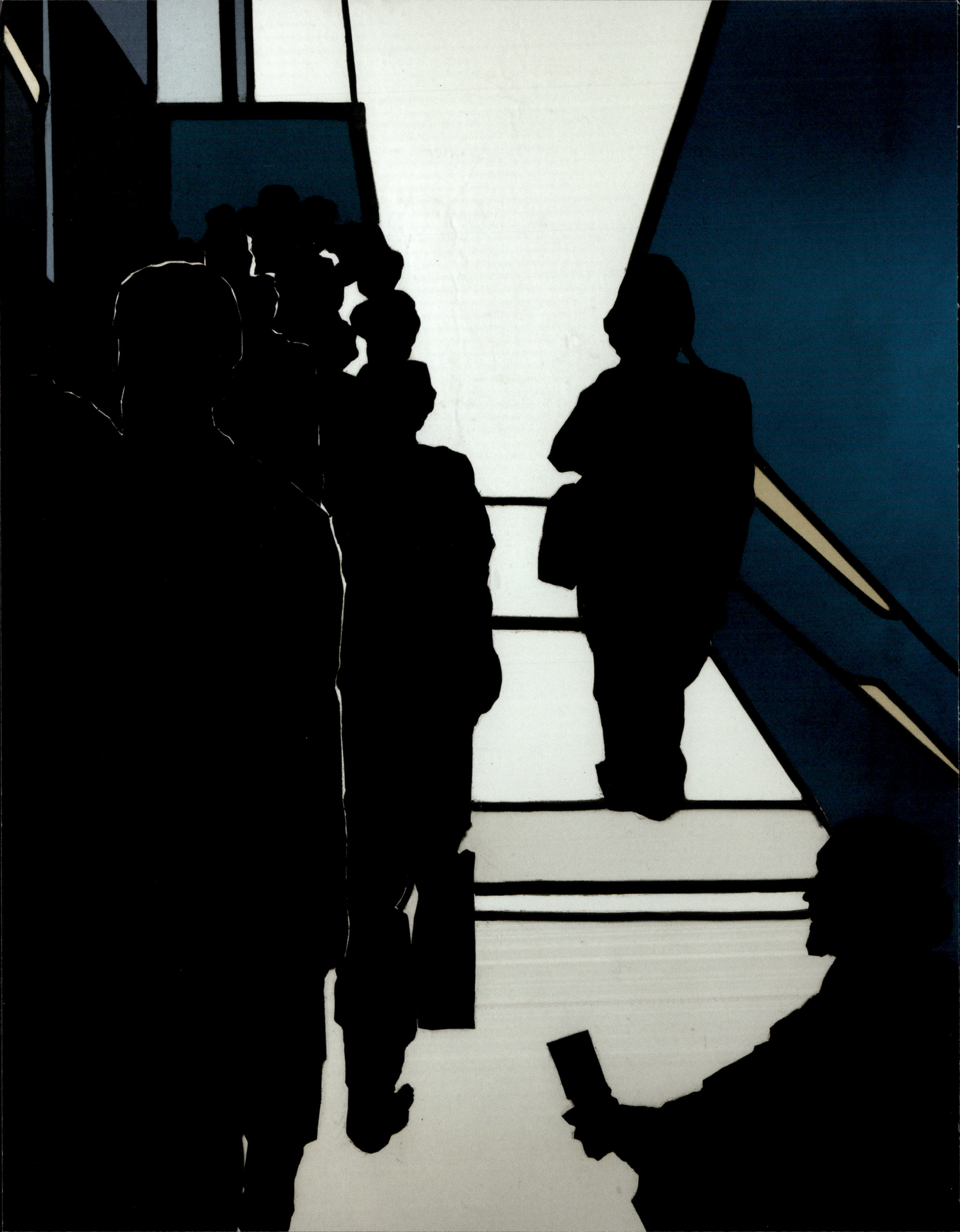

Pia Burrick

Lines and light

Johan Debruyne
Eline Maeyens

stichting kunstboek

Cover - **Grand Bazar (detail)**
2012, stained glass
95 x 38 cm

Bedelaar
2007, stained glass, sheet lead
90 x 70 cm

Saint Cado
2016, painted glass, collage
30 x 21 cm

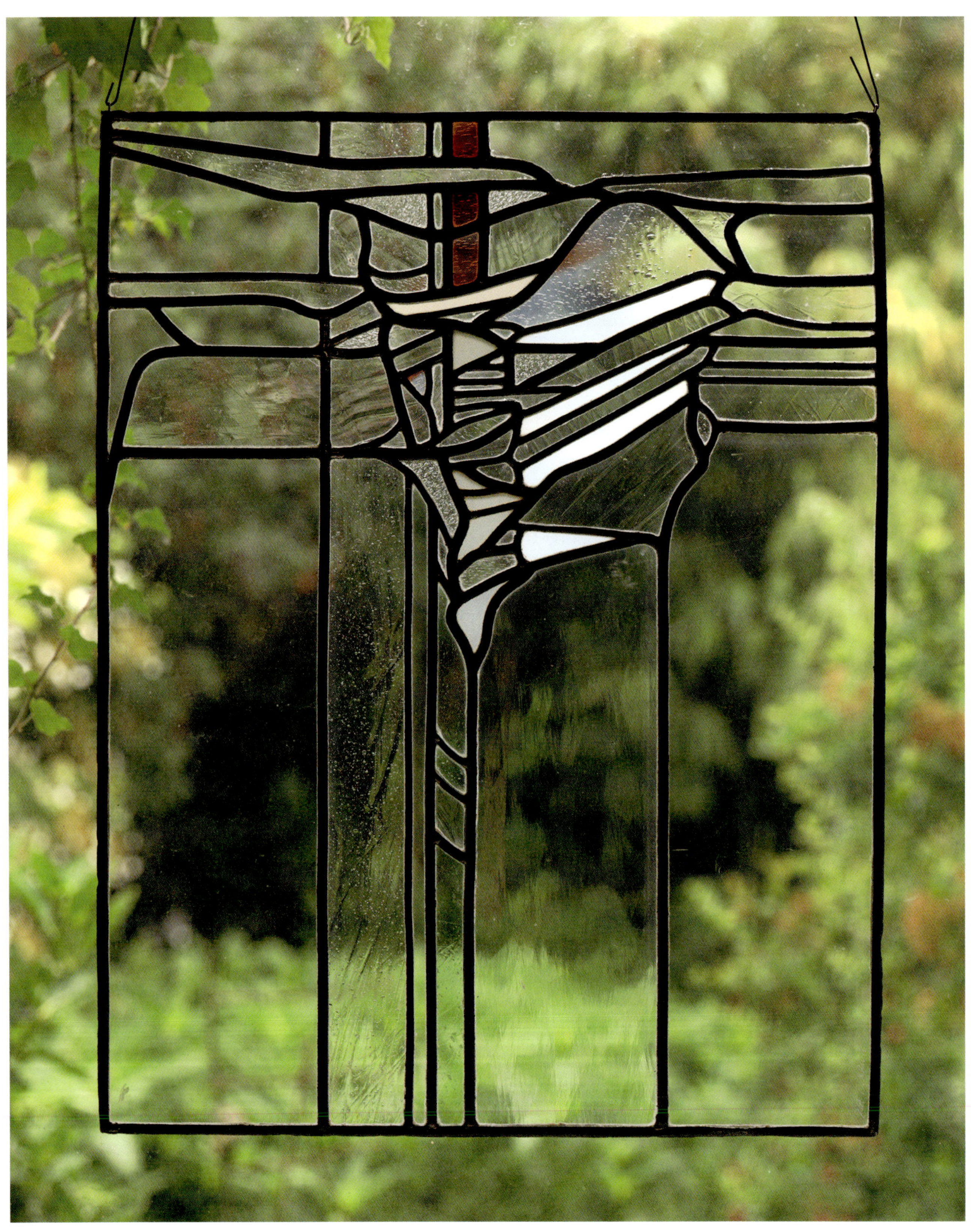

Torso
1994, stained glass
62 x 49 cm

Solotentoonstelling Speelmanskapel

Terugblik

Ik was erbij toen Pia Burrick een van haar allereerste, misschien wel geheel eerste stap in het wereldje van de beeldende kunsten zette. Dat memorabele moment situeerde zich even buiten de Brugse poorten op een locatie die 'De Wandelinghe' heette. Het gelijkvloers werd ingepalmd door een fraaie bloemenhandel met uitgesproken uitnodigende allure; boven was er een expositieruimte.

Ik heb daar toen, net zoals vandaag, toehoorders ingewijd in de oeuvres van twee aanstormende Brugse talenten, twee jonge, knappe mensen: Pia Burrick en Koen Scherpereel-zaliger. Toen ik Pia deze zomer een bezoekje bracht in haar ruim atelier zag ik daar de affiche van die bewuste expositie hangen. 'De tijd vliegt', een eufemisme!

Ik herinner me van Koen zijn toen nog onversneden narratief grafisch werk. Hoe hij met naald en plaat en hem zo typerend tegenvoets begenadigd kon vertellen en fantaseren.

Van Pia herinner ik me een eigenzinnig spel van lijnen. Merkwaardigerwijs – ik kende toen weinig kunstenaars die zich in deze materie bekwaamden – waren deze van... lood. Het licht was een ander dominant en onmisbaar element. Dit kwam omdat ze met glas werkte. Ze had haar bestemming gevonden. De prijs die ze al meteen had gewonnen met een creatie waarin lood de hoofdrol opeiste, had haar een boost gegeven. Ze had Antwerpen en Sint-Lucas Gent in de vingers. Weinigen die zich toen met glas inlieten. Het is vandaag weinig anders.

Voor en met het licht

Hoewel Pia sindsdien begrijpelijkerwijs constant met die materie wordt geassocieerd, vielen en vallen er nog wel parallellen te trekken tussen de twee voormelde Brugse talenten: hun levenslust, het enthousiasme en vooral de kracht van de lijn.

Het oeuvre van Pia had eerder een dienende functie. Het drong zich niet op. Het was er vooral voor en door het licht. Pia maakte alles mooier. Bij nader inzien een amper te onderschatten verdienste. Ik herinner me dat het vrolijk stemde, positief aan voelde, dat het goed was. Het nam licht op en gaf dat terug, het weerkaatste, het tintelde, liet ademen en dromen. En dit doet het vandaag, 35 jaar later, nog altijd.

Het werk van Pia Burrick is op te delen in toegepast en vrij werk. Toegepast, op vraag gemaakt voor het interieur en ter aanvulling van bestaande elementen. Creaties, vooral glas-in-lood in de traditionele techniek maar met een hedendaagse vormgeving en bovenal in harmonie met de ruimte.

Haar vrij werk is losser, soberder en krachtiger. Het koketteert niet, houdt geen rekening met technische eisen maar vertelt. Verhalen en beelden die raken, ontroeren, soms ook verontrusten. Techniek is hier vanzelfsprekend, niemand vraagt een schilder waarom hij verf gebruikt.

Sterk is het werk waarin ze de grens tussen figuratie en abstractie bespeelt. Het glas biedt haar bovendien de mogelijkheid om op beide kanten te werken, dekkend en transparant, projecterend of reflecterend, met of zonder kleur. Ze werkt met puur glas of brandschildert, wendt lood aan of bladlood... De thematiek bepaalt de techniek. Heel vaak liggen zelfgemaakte of krantenfoto's aan de basis, vaak ook stills van de televisie. Elk beeld dat passeert en beklijft wordt opgeslagen en/of opgehangen in het atelier waar het na een tijd zijn definitieve vorm krijgt. Pia's hoofd is altijd alert. Elke beweging, elke belevenis, elk beeld kan uitgroeien tot een werk. Figuratief? Abstract? Daar zit geen lijn in en dat hoeft ook niet. Telkens slaagt ze er in tot krachtig, boeiend hedendaags werk te komen. Haar veelzijdigheid is een verademing.

Lijn

De lijn heeft een prominente plaats in haar werk. Er wordt vandaag zowaar met loden silhouetten geëxperimenteerd. Met regelmaat wordt de vraag gesteld of dit nu ambacht is of kunst. Wie vertrouwd is met kunst weet beter en twijfelt niet. Een unieke symbiose van de beide? Feit is dat glas en lood voor haar amper nog geheimen kennen en nauwelijks nog praktische bezwaren het vormgeven van haar fantasieën in de weg staan. Een onschatbare verworvenheid. Maar ook voor het uitgesproken ambachtelijke segment van haar artistieke 'productie' hoeft ze niet te blozen: die monumentale vis voor dat visrestaurant, bijvoorbeeld. Groots!

Maar natuurlijk kom ik Pia ook graag tegen in het kleine wereldje van de grote ego's van de zogenaamde, onbegrensde 'pure' kunst, wanneer ze met oude dakvensters een conceptueel werk maakt en tegelijk subtiel laat merken waar ze in deze maatschappij voor staat. Het werk heet 'licht' en bestaat uit 32 oude geroeste dakvensters waarop het woord licht in diverse wereldtalen is aangebracht met aansluitende decoratie die de sfeer weergeeft. LICHT voor iedereen, het licht in je leven, het licht je hoofd binnenhalen, anderen het licht gunnen. Er is een dakvenster voor doven, een voor blinden in braille en er is een raam met een niet opgehaald rolluik voor zij die het niet begrijpen.

Tekenen

Zal ik enige werken omschrijven die een beklijvende indruk hebben gemaakt? Zo was haar aandeel in het Mater-project in de Magdalena-kerk indrukwekkend. MATER-WATER. Een bijzondere hommage aan de oer-moeder, in dit geval een vrouw in Afrika met baby op de rug: twaalf spiegels op het water met een gigantisch olieverfschilderij en het woord 'moeder', vertaald in meerdere wereldtalen, door kinderhanden geschilderd. De glasramen van de kerk speelden een reflecterend spel met de spiegels en het water. Voorts tal van creaties die bestaan uit luttele vlakken en lijnen die toch een onvermoed weids landschap suggereren: niet nieuw, maar modern en ongemeen inspirerend! Er is ook de eenvoud waarmee ze met glas en lood haar eigen, kleine familie bij het ontbijt vereeuwigt en daarmee tegelijk een universeel werk neerzet. Er zijn de portretten van haar vader en van haar schoonvader, portretten waarin ze door de keuze van de materialen en een sterke schilderstijl het karakter van beiden raak typeert. Ik hou van haar dagboek waarin ze drie maanden lang elke dag een momentopname uit haar leven vastgelegd en vereeuwigd wordt tussen kleine vierkanten glazen plaatjes.

Dàt zijn de oeverloos vele Burricks waarvan ik houd. En ze blijft experimenteren en ook zij heeft – zoals de meeste eigentijdse kunstenaars – de kracht van de fotografie ontdekt. Ik zou dus zeggen: the best is yet to come. We kijken er samen naar uit, Pia!

Tien jaar later

Ik ben op weg naar 'Fort Zevenbergen', zo heet – in een Brugse deelgemeente – de soort enclave omheen een speelplein. Het is daar dat Pia Burrick woont, leeft, tekent, piekert, verzint, schept. Ik was er zo'n 10 jaar geleden ook al eens te gast. Om in verwondering te kijken en te praten. Om te luisteren. Beelden en woorden leid(d)en tot (enig) inzicht. De taak van een criticus. Onlangs had ik na lange tijd nog eens zogenaamd 'vrij' werk van haar gezien, meer bepaald in het fraai gerestaureerd stationnetje van Lissewege, het 'witte dorp'.

Het leven

Ik vraag me wel eens af waarom iemand met het talent van Burrick (kundig, authentiek, creatief, veelzijdig) amper toegang krijgt tot het wereldje van de beeldende kunst. Een voor de hand liggend antwoord is de associatie van wat ze schept met 'ambacht', maar dit lijkt me een te gratuit excuus.

Ik heb het me bij vroegere contacten niet afgevraagd (het kwam tijdens onze gesprekken nu ook voor het eerste te berde), maar ik vind het niet onbelangrijk: ik wil dit keer per se ook nagaan of er in haar vrije werk sporen te vinden zijn van sociale betrokkenheid. Of het ook inhoudelijk vragen oproept?

Ik ken Burrick zo'n beetje. Als persoon is ze wel degelijk begaan met wat er in de wereld omgaat. Maar laat ze dit los wanneer ze schept? En mag kunst louter om schoonheid draaien wanneer ze in een wereld vol rotzooi vertroosting biedt? Vragen... Het werk dat ik in Lissewege 'aftast' en bewonder onthult na enige tijd meer dan alleen maar schoonheid. Het is doorgaans meer dan creëren en spelen of in de clinch gaan met het licht. Ik voel een hartslag. Een drang.

Herfst

Wat ik zie verrast me positief en vergroot mijn twijfel. Wat ik van Burrick te zien kreeg hield mijn volle aandacht. Het verbaasde, was vaak doordacht, gelaagd. Nooit eerder boeiden Burrick-creaties me meer. Soms ook werk op volslagen nieuwe dragers of verwerkt in dingen die een doorsnee-burger argeloos bij het vuil zou neerzetten. Een behoorlijk eclectisch amalgaam waar niet makkelijk een lijn op te trekken valt, en toch: dezelfde hand, dezelfde geest.

Ik zei het eerder: Burricks creatieve geest kent nooit rust, terwijl nog heel vaak een beroep op haar wordt gedaan om te restaureren. In Lissewege geniet ik vooral van de verrassende dragers van haar werk. Van dat smalle oude deurtje, bijvoorbeeld, waar ze op het glas met verf donkere bladeren heeft gebrandschilderd. Ik heb zelden binnenshuis zo veel 'herfst' gevoeld, terwijl ze met dit werk in een klap àlle seizoenen vat. Gewoon mooi. Maar tegelijk uniek en troostend. Ik ben traagzaam en geef toe dat het nu pas begint te dagen: veel van Burricks werken hebben hun wortels in het leven van elke dag. Ze is een gedreven verteller. Al die verhalen woekeren in haar hoofd. Over en tijdens het 'onderweg zijn', de bomen, de verte, massa's (mensen)... Het leven in tal van facetten. Allemaal voeding voor haar grenzeloze nieuwsgierigheid. Al wat ze om zich heen ziet of op haar weg vindt, inspireert haar.

Glas en lood

Hoewel ik haar zelden tegen het lijf loop op mijn vele galerietochten weet ik dat zij die de kunstwereld een beetje volgen niet ongenuanceerd denken dat ze enkel in kerken en huizen haar artistieke ding doet. Al even lang maakt ze zogenaamd vrij werk – dat ik trouwens meteen herken (ze heeft hoe dan ook een 'handelsmerk') –, dat in de ruimte wordt opgehangen en waarvan glas, licht en loodlijnen de basiselementen zijn. Het in de kunstenwereld zeldzame loden lijnenspel is sterker dan ooit aanwezig! Burrick tekent met lood en tekent met verf. Techniek en materiaal vinden elkaar en glas blijft de drager, schraagt elke creatie van haar hand.

Brede waaier

Werk van haar hand? Je ontsnapt er niet aan. Als je in en rond Brugge vaak onderweg bent, springt een 'Burrick(je)' gauw in het oog. Ik zag ze voor ramen hangen en ik stond al eens te kijken naar nieuwe architecturen waarin ze haar aandeel had gehad. Ik vond het steeds charmant en mooi en fraai, haar kunst, gemaakt ten dienste van een bewoner die ervan hield en het een fijne manier vond om licht binnen te laten en tegelijk de privacy te beschermen. Een verrijking van het interieur. Een spel van frivoliteit, van kleur, van gestolde lichtheid. Soms wilde ik wel dat ze dwarser was en met haar kunst niet louter diende, maar ook eens in de contramine ging. Koppig met glas. Glashard. Het is 'haar' woord, dit laatste. Maar opnieuw: ik moet me realiseren dat deze kunstenares zowel in de toegepaste als in de vrije kunst sterk is. Het is weinigen gegeven.

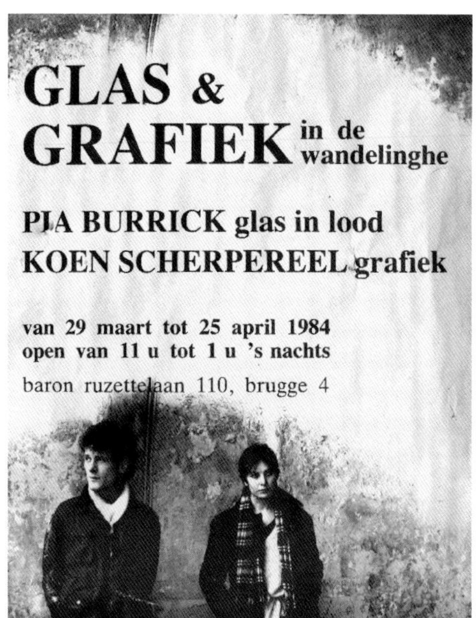

Poster 'Glas en grafiek in De Wandelinghe', 1984

Duizend tinten grijs

Een van haar sterkste werken zou me bij mijn tweede bezoek aan het atelier niet meer loslaten. Vier rechtopstaande rechthoeken, niet eens zo groot, voor een witte muur op een rij gehangen. Duizend tinten grijs en vaal wit, een symbiose van technieken die zij beheerst.

Ook dit is Burrick: àlles inspireert, ze zet mede hierdoor zelden 'reeksen' neer (wat de meeste kunstenaars wél doen) en schakelt moeiteloos, maar telkens even bezield over van figuratie naar abstractie of tast de grenzen van beide af, wat het voor kijker niet makkelijker maakt, maar des te boeiender.

Burrick praat snel en denkt snel. Het heeft iets van wolken, gejaagd door een harde wind. Bij momenten is het bijbenen. Wat een levenskracht! Ik stel haar voor om mij de volgende keer alleen te laten in dit walhalla van melancholie en dingen van vandaag. Haar atelier beslaat zowat het gehele gelijkvloers van een niet eens klein huis. Ik denk nog eens terug aan haar laatste tentoonstelling in dat voormalig stationnetje. Wat tekent ze toch goed. En telkens die gelaagdheid, zoals amper waar te nemen silhouetten op de achterkant van het glas.

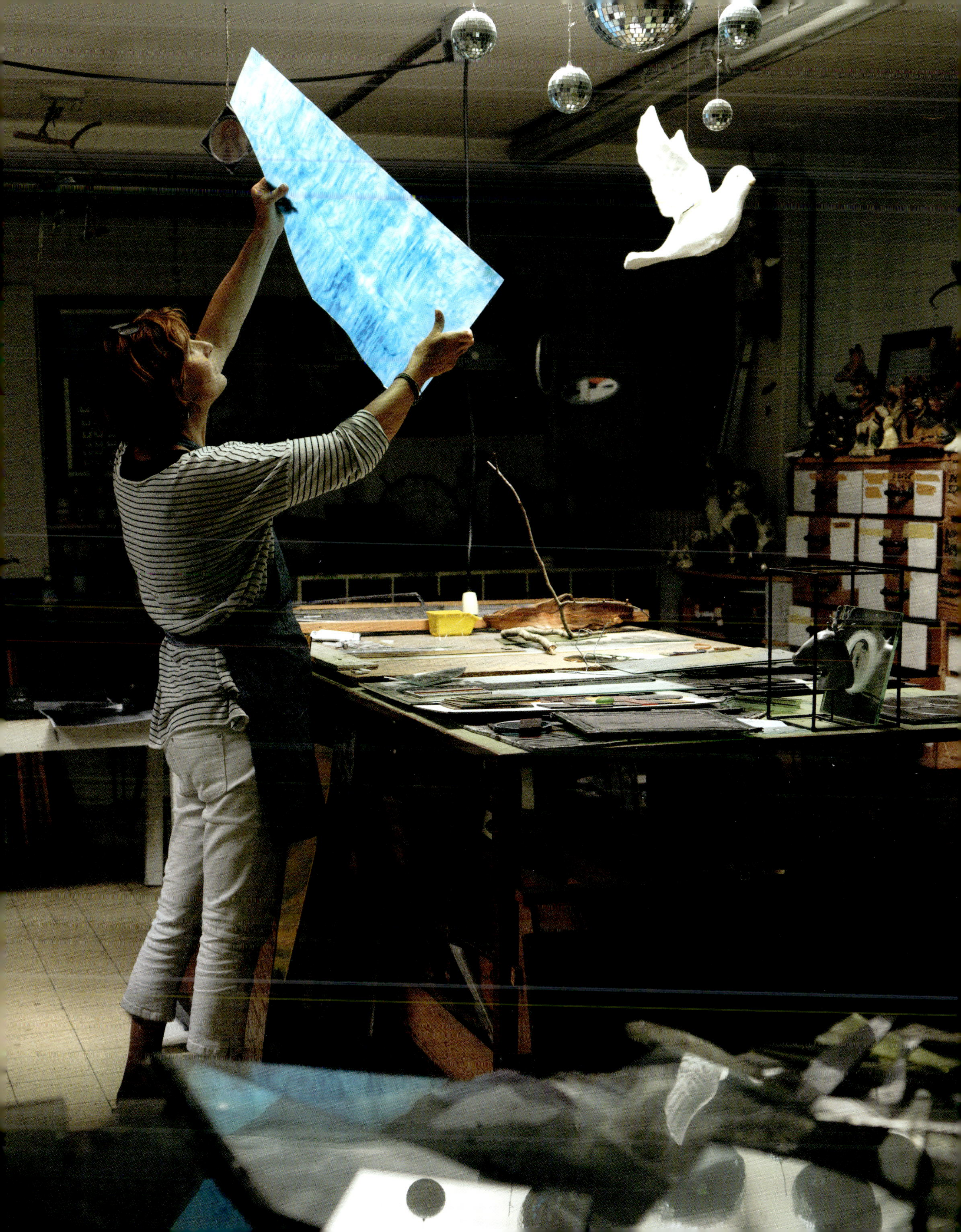

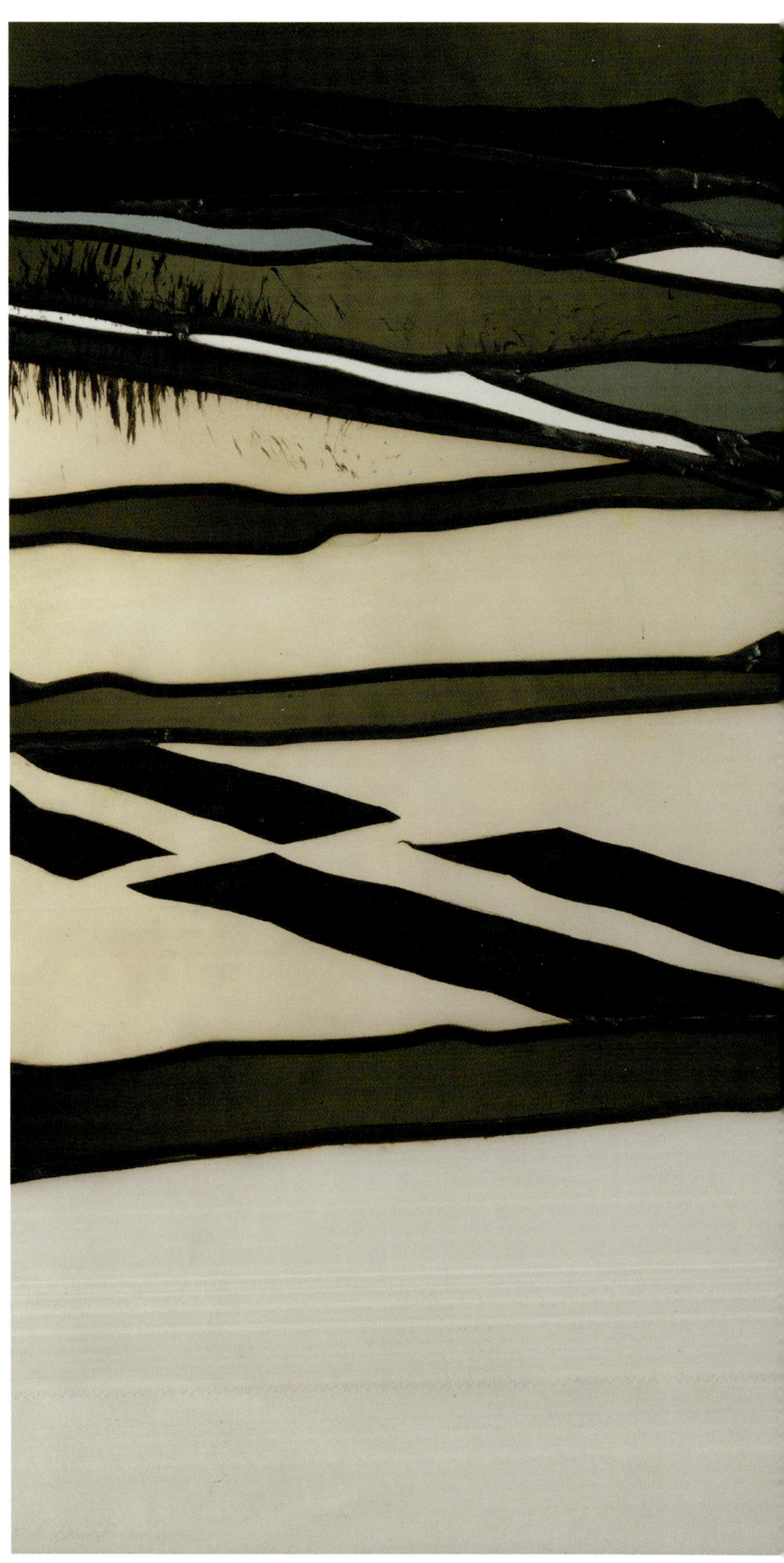

Bretagne
2004, painted, stained glass
67 x 93 cm

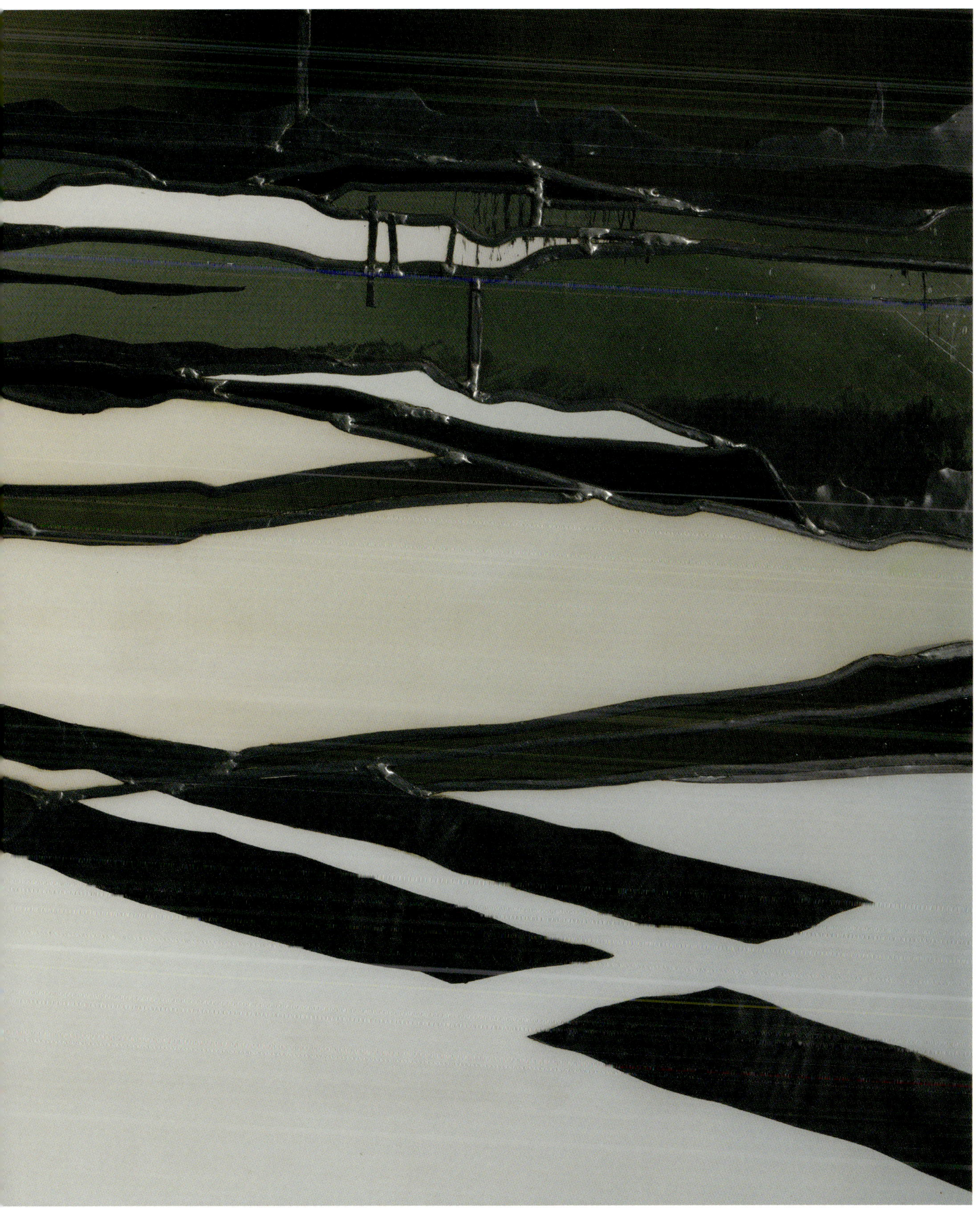

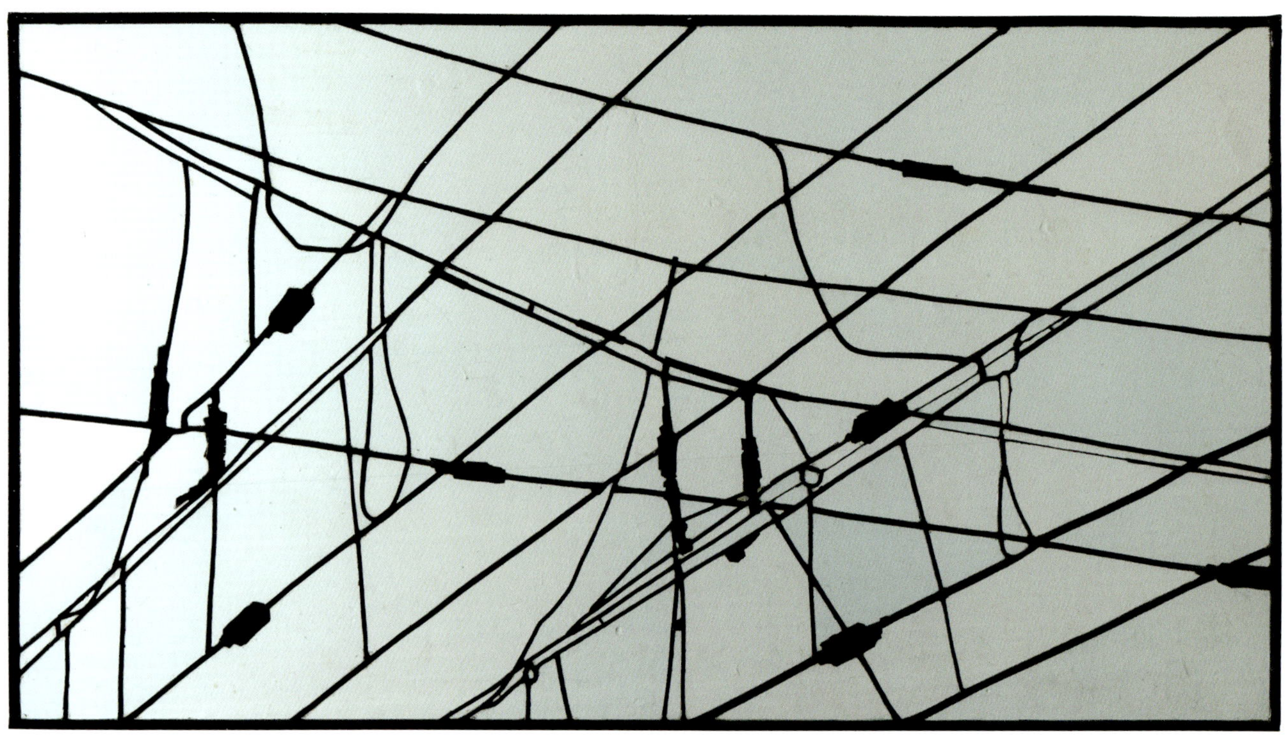

On the road 3
2018, stained glass
66 x 119 cm

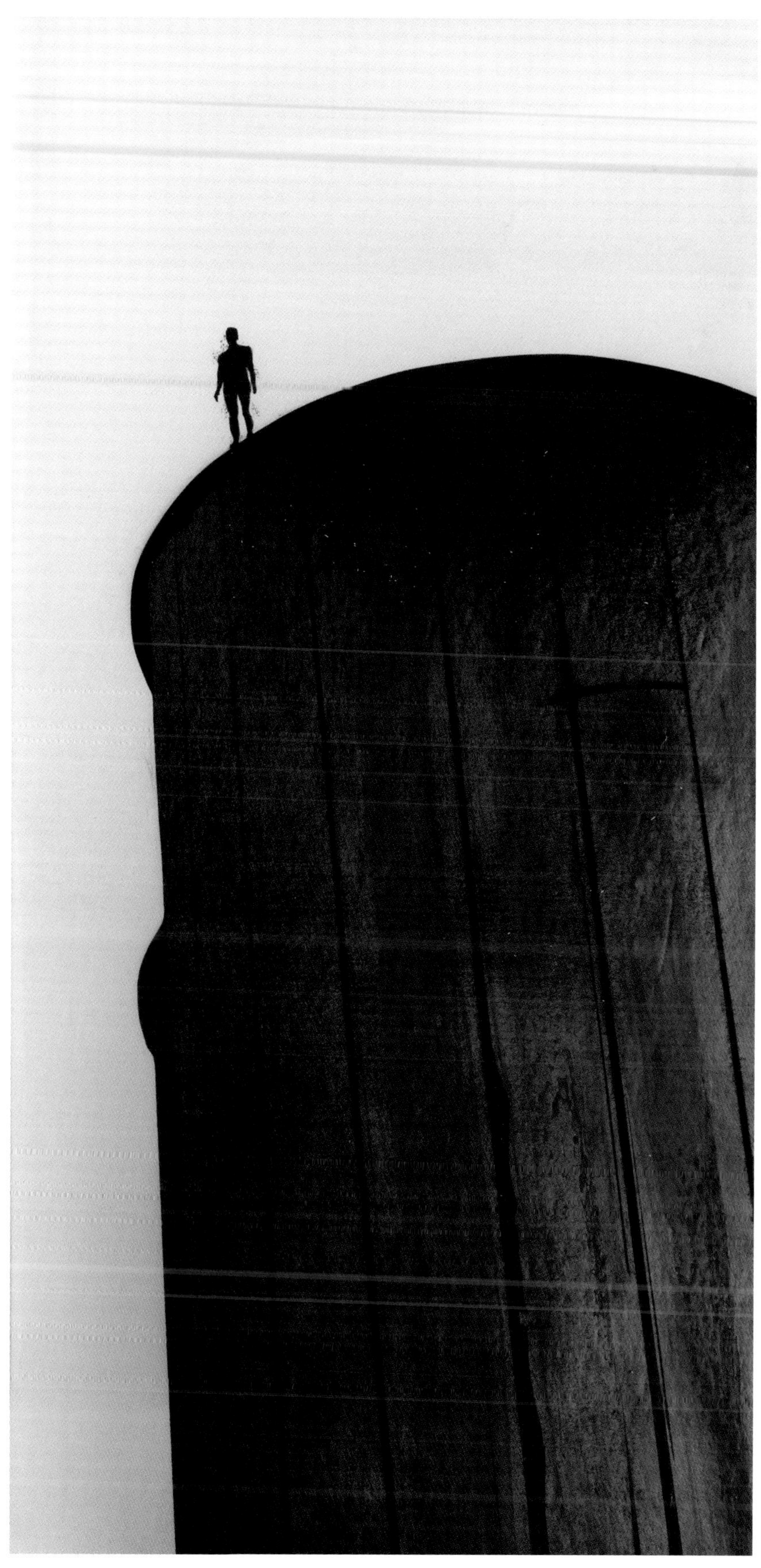

Hi Mister Gormley
2018, painted glass, collage
100 x 50 cm

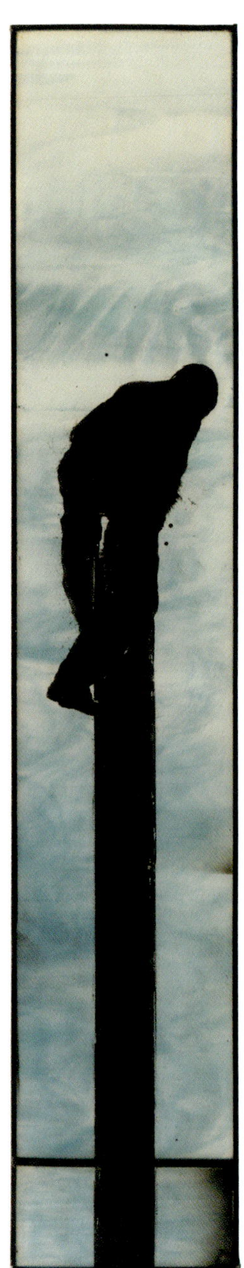
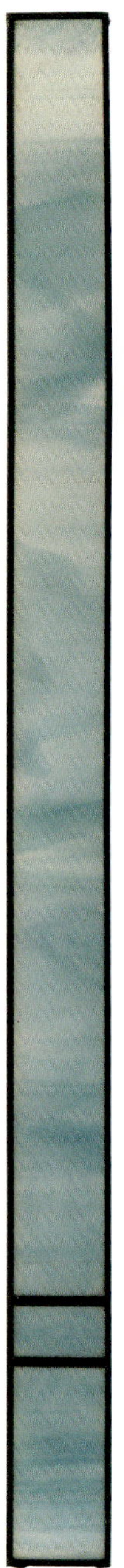
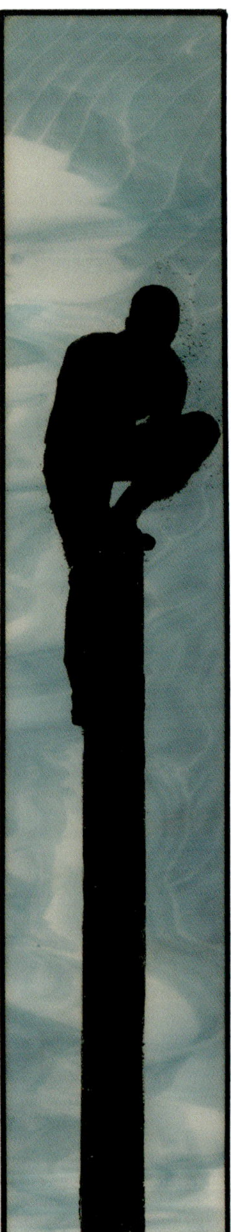
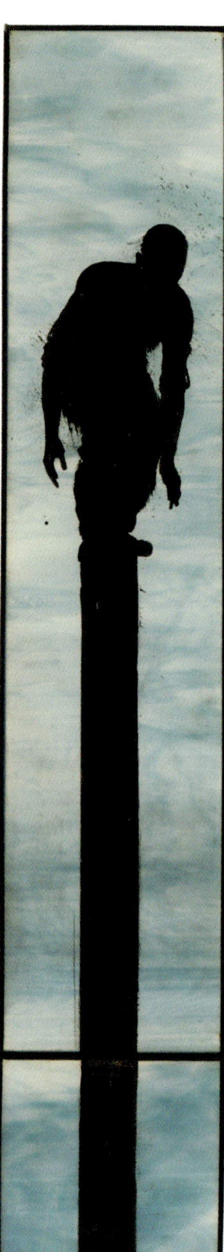

Trying no tot fail
2016, painted glass
different sizes, 8 panels

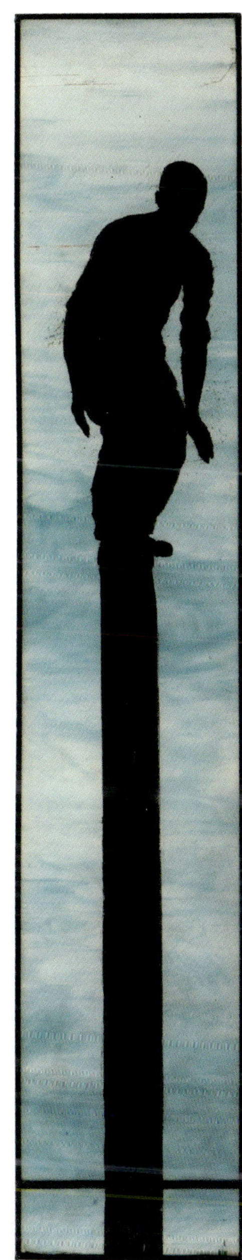

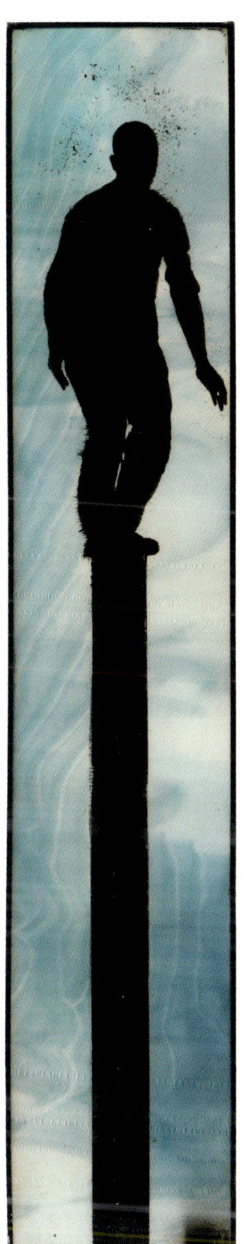

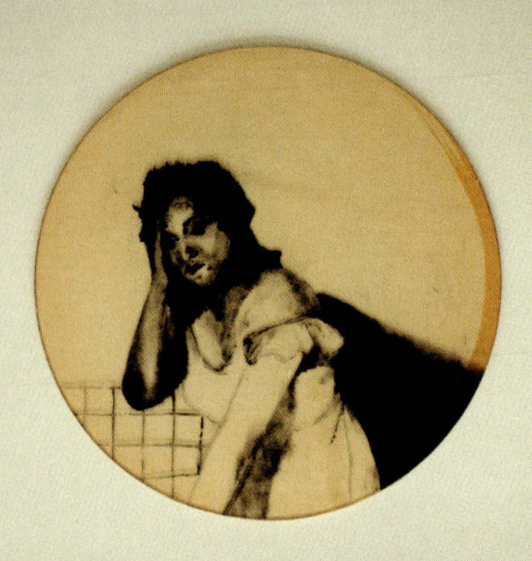
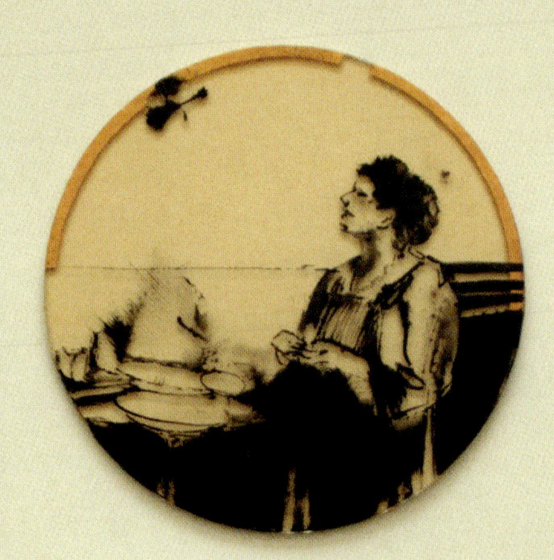
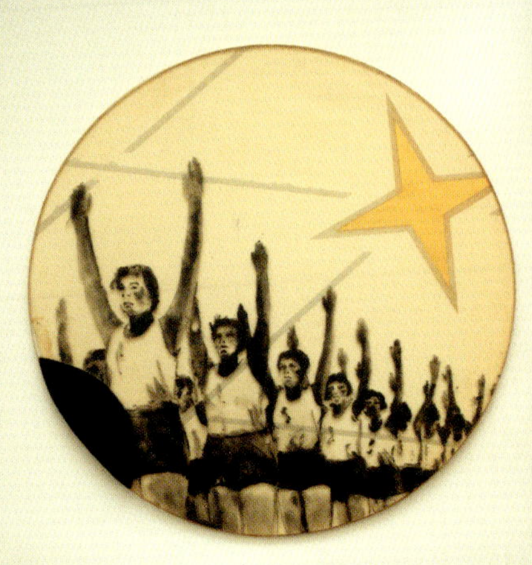
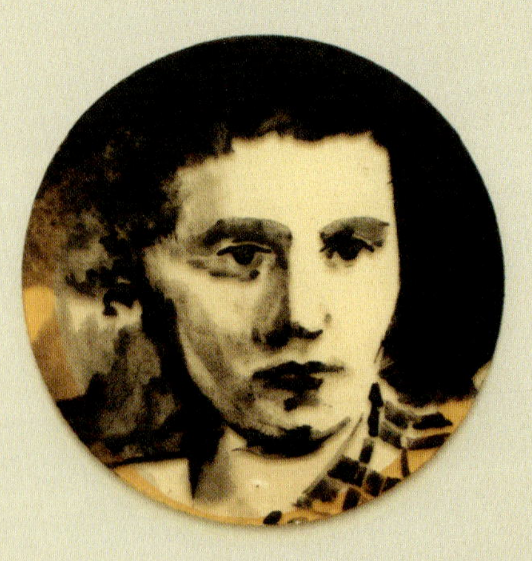
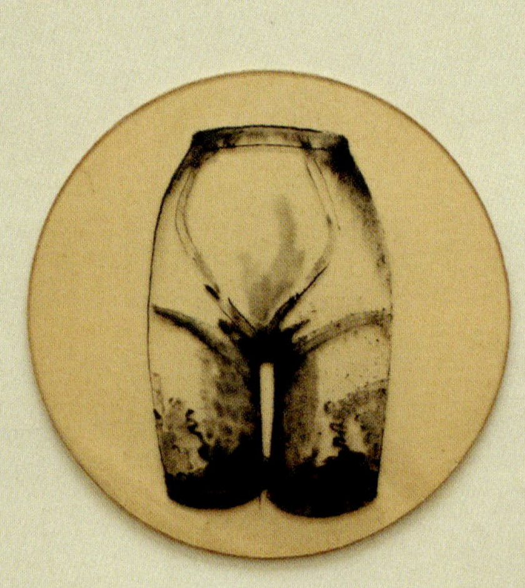
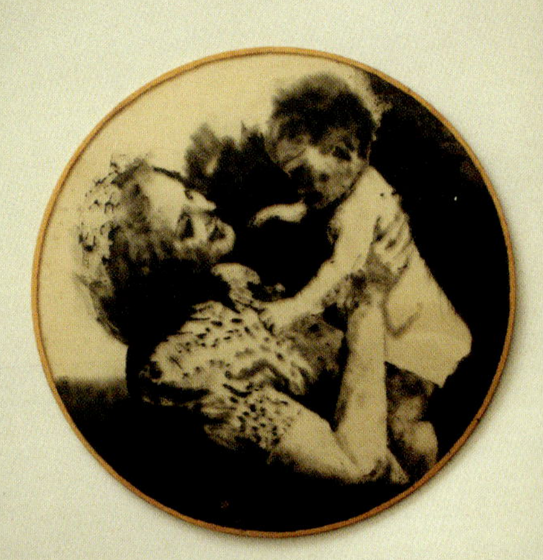
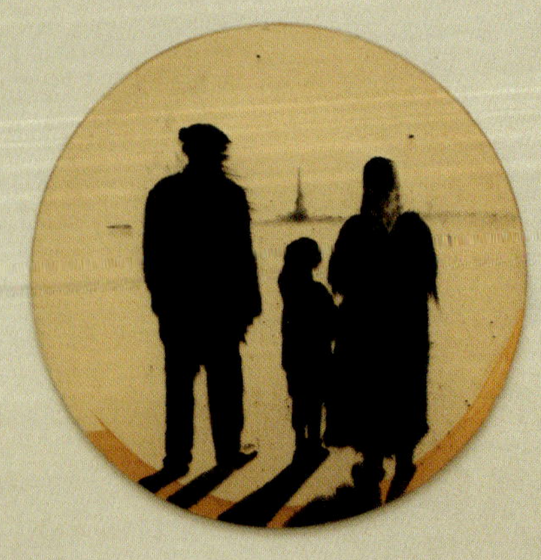
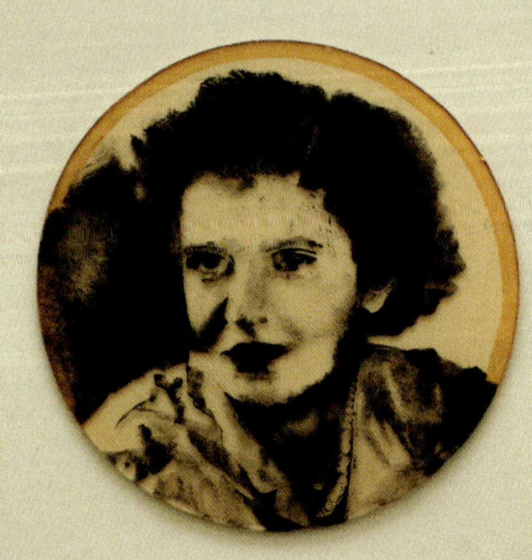
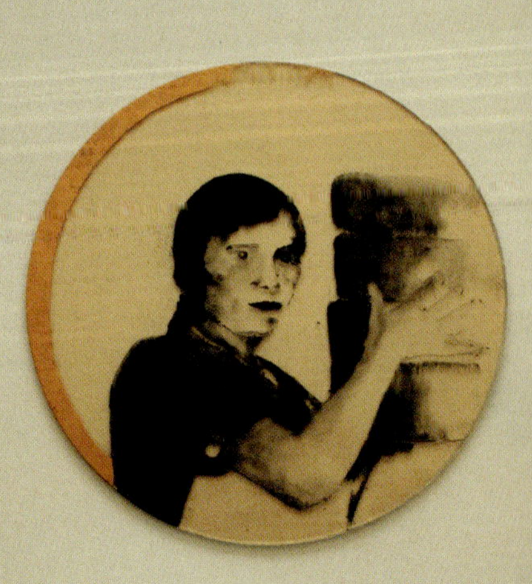

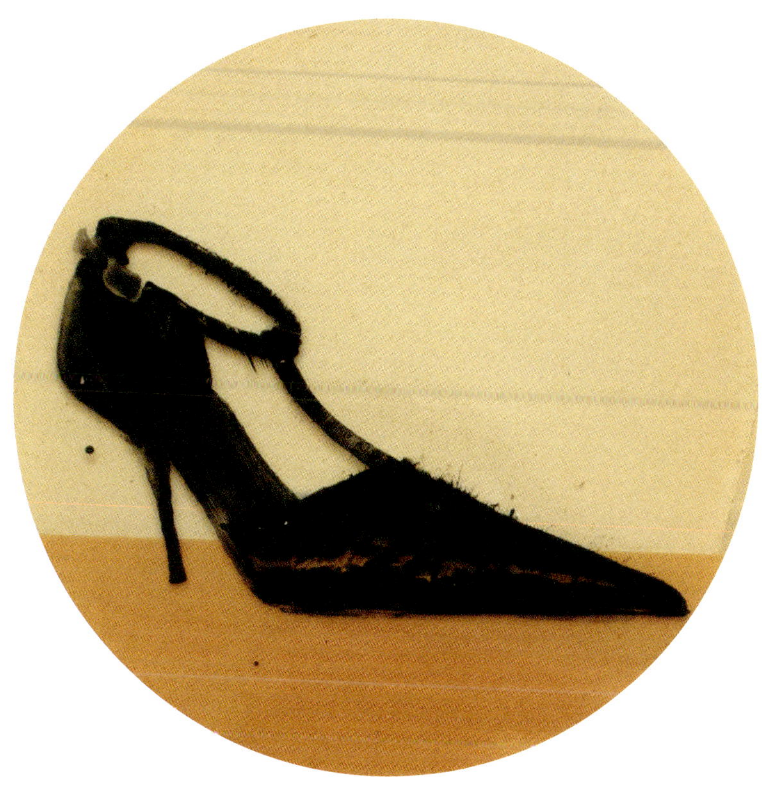

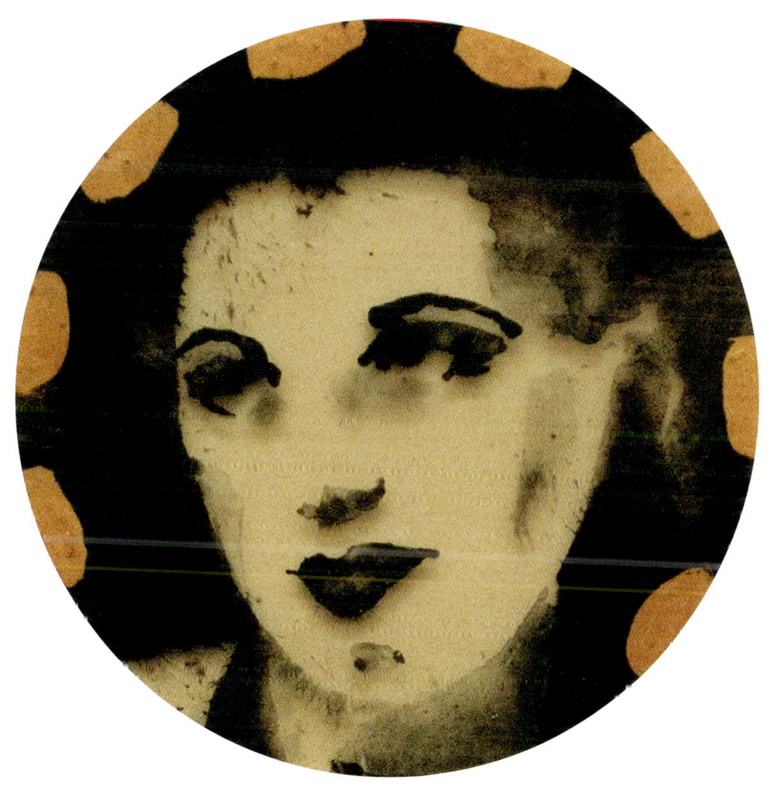

Mesdames
2012, painted glass, contour

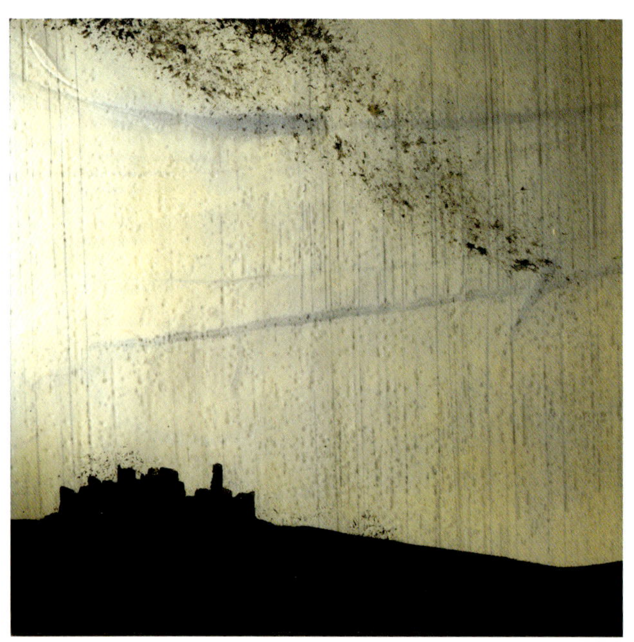

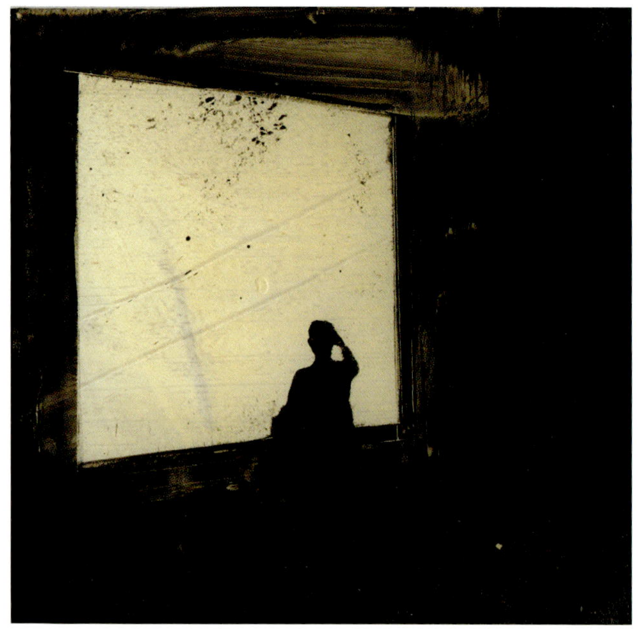

Schotland
2013, painted glass
30 x 30 cm

Zelfportret
2013, painted glass
30 x 30 cm

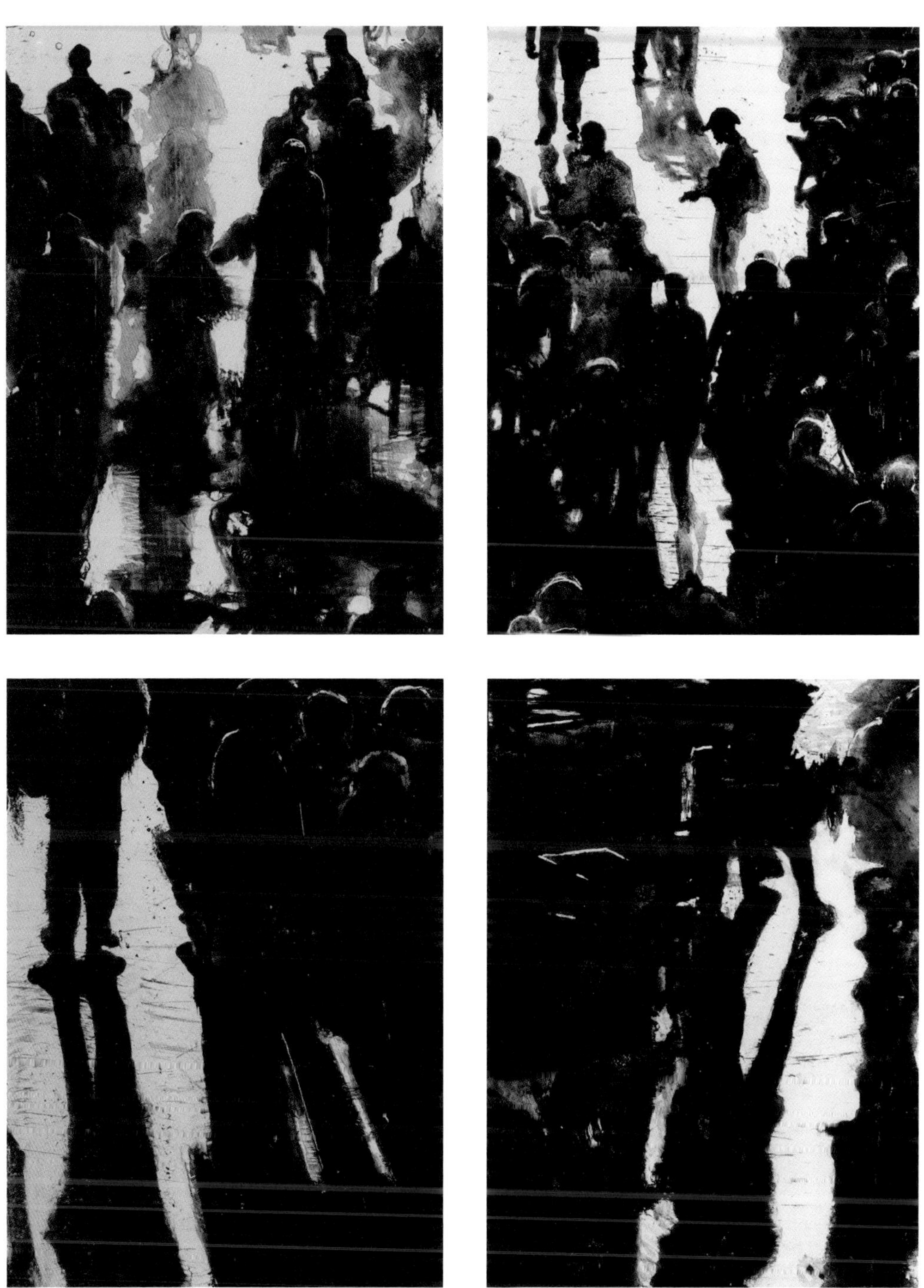

Untitled
2018, painted glass
4 x 42 x 31 cm

Building a dream
2016, painted on leavened glass
64 x 64 cm

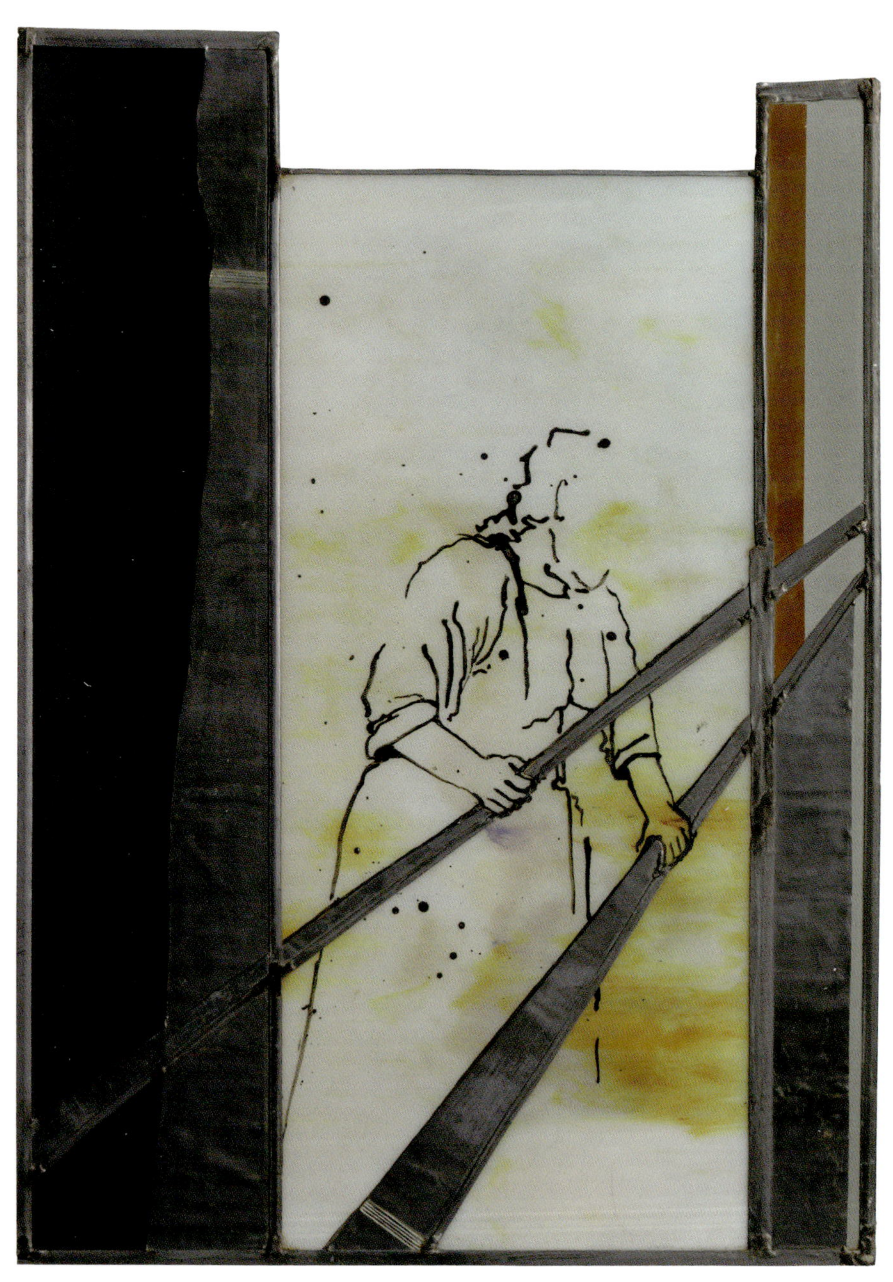

Arbeidster
2012, painted glass, sheet lead
70 x 55 cm

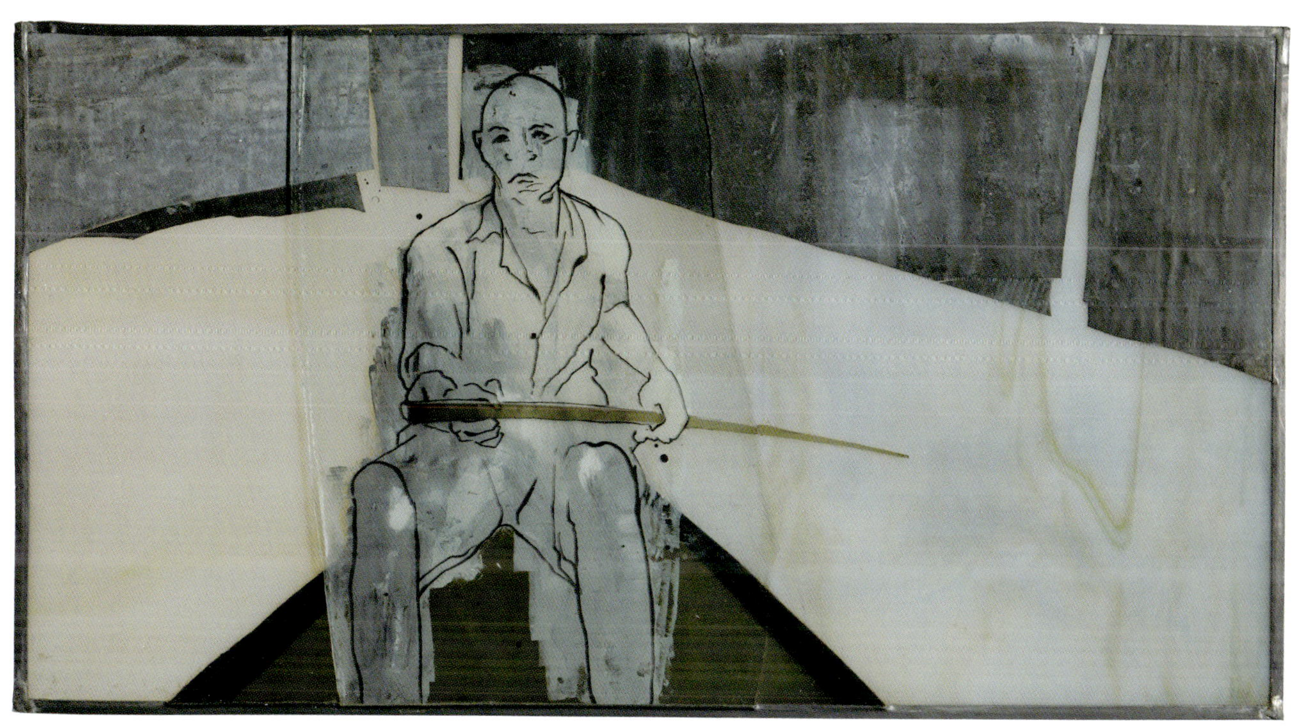

Vietnam
2015, painted collage, sheet lead
50 x 91 cm

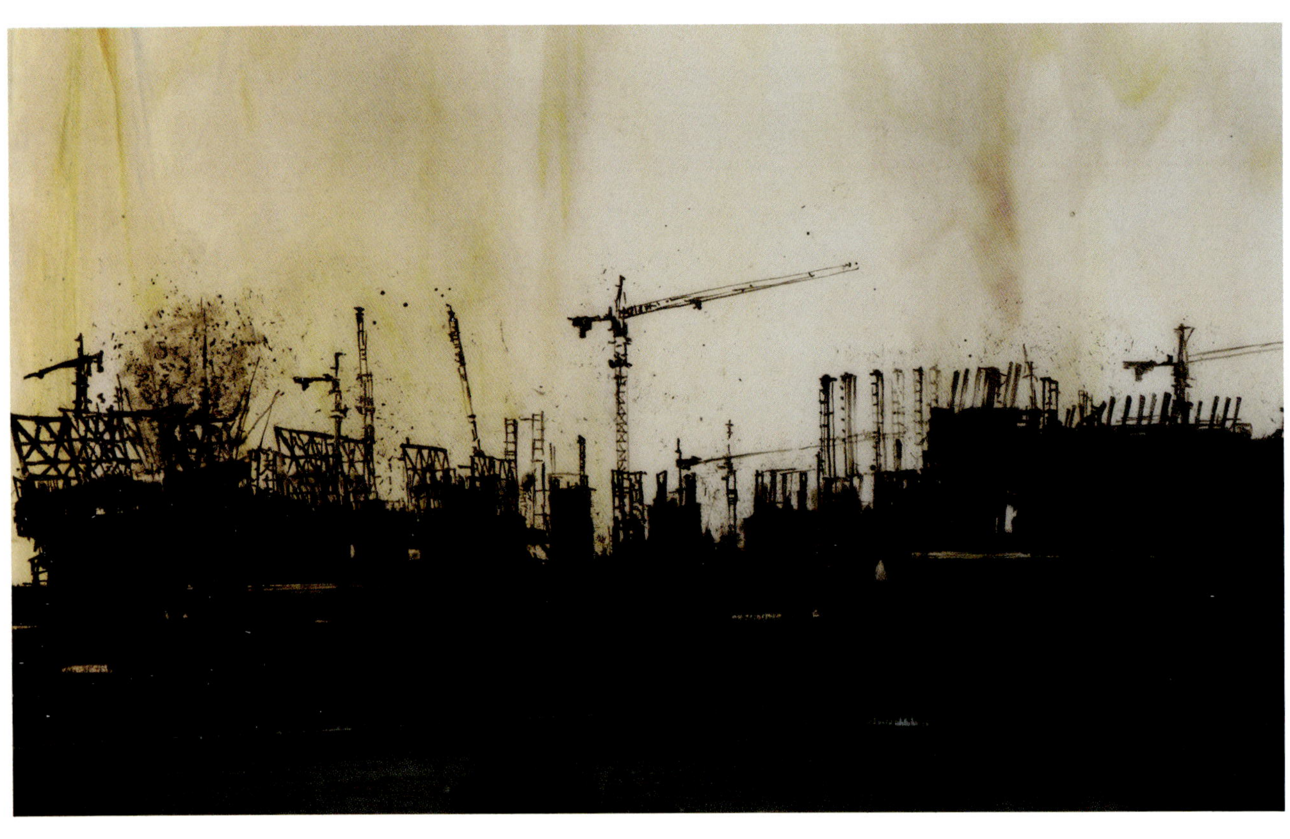

Syrie 1
2015, painted glass
40 x 60 cm

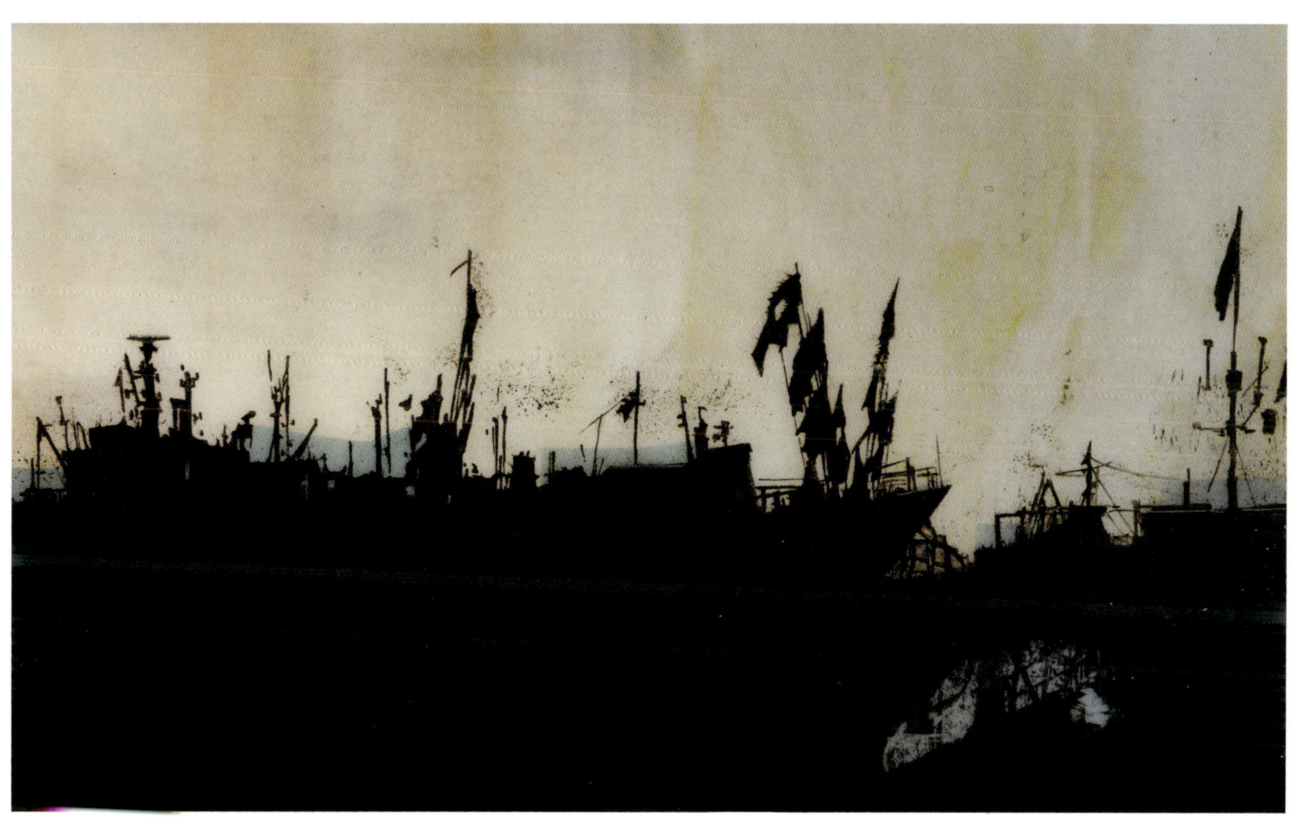

Syrie 1
2015, painted glass
40 x 60 cm

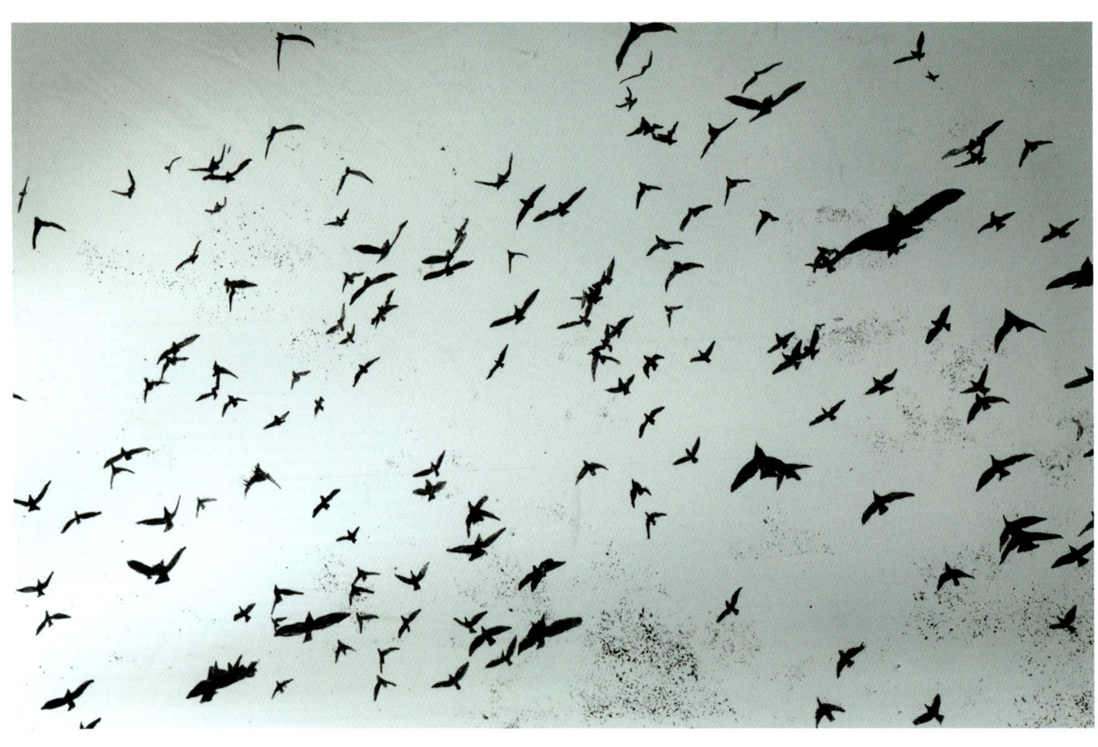

Freedom
2017, painted glass
41 x 57 cm

On the road 1
2017, painted glass
40 x 20 cm

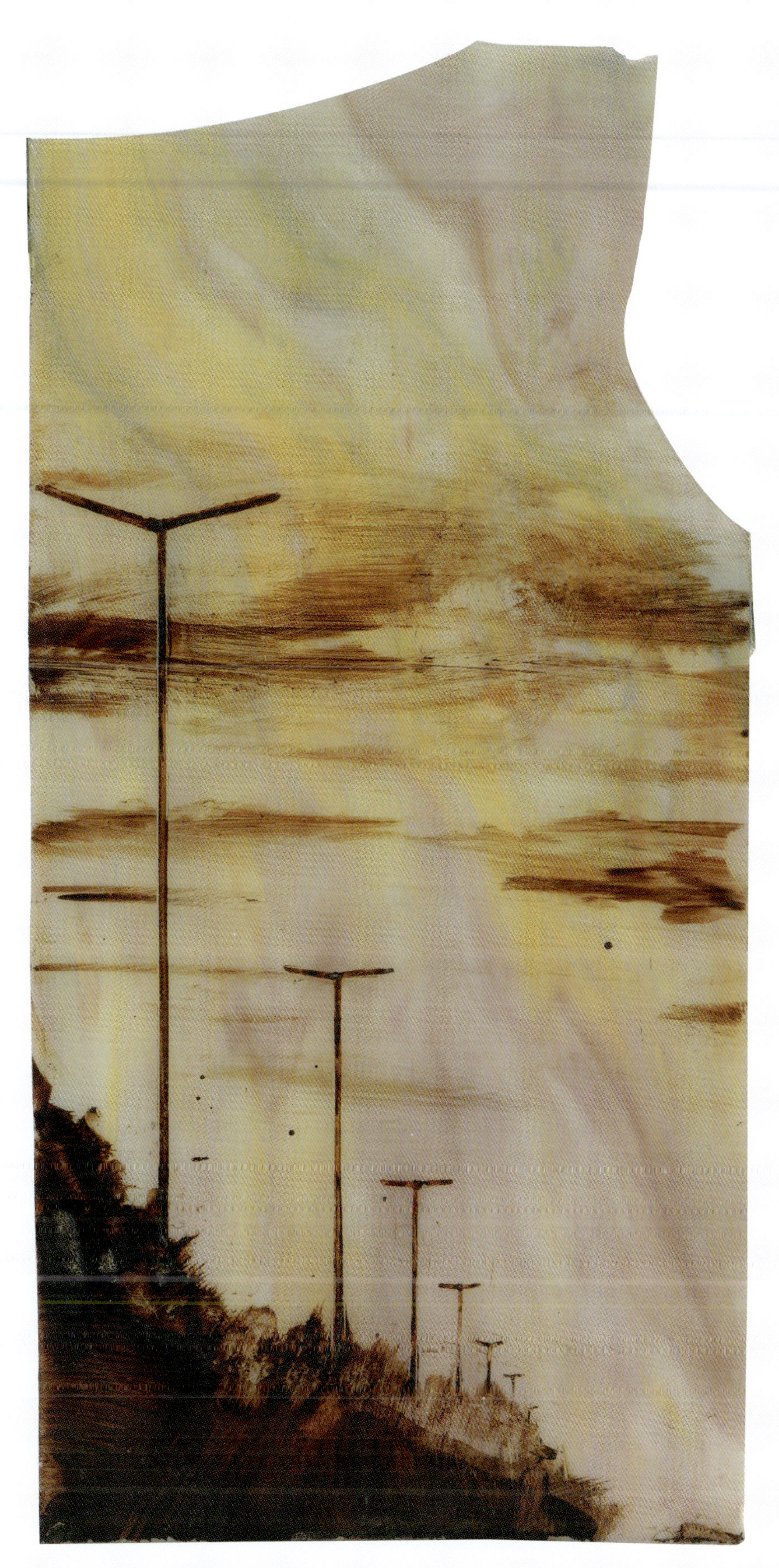

Ruïne
2017, glass, sheet lead
45 x 60 cm

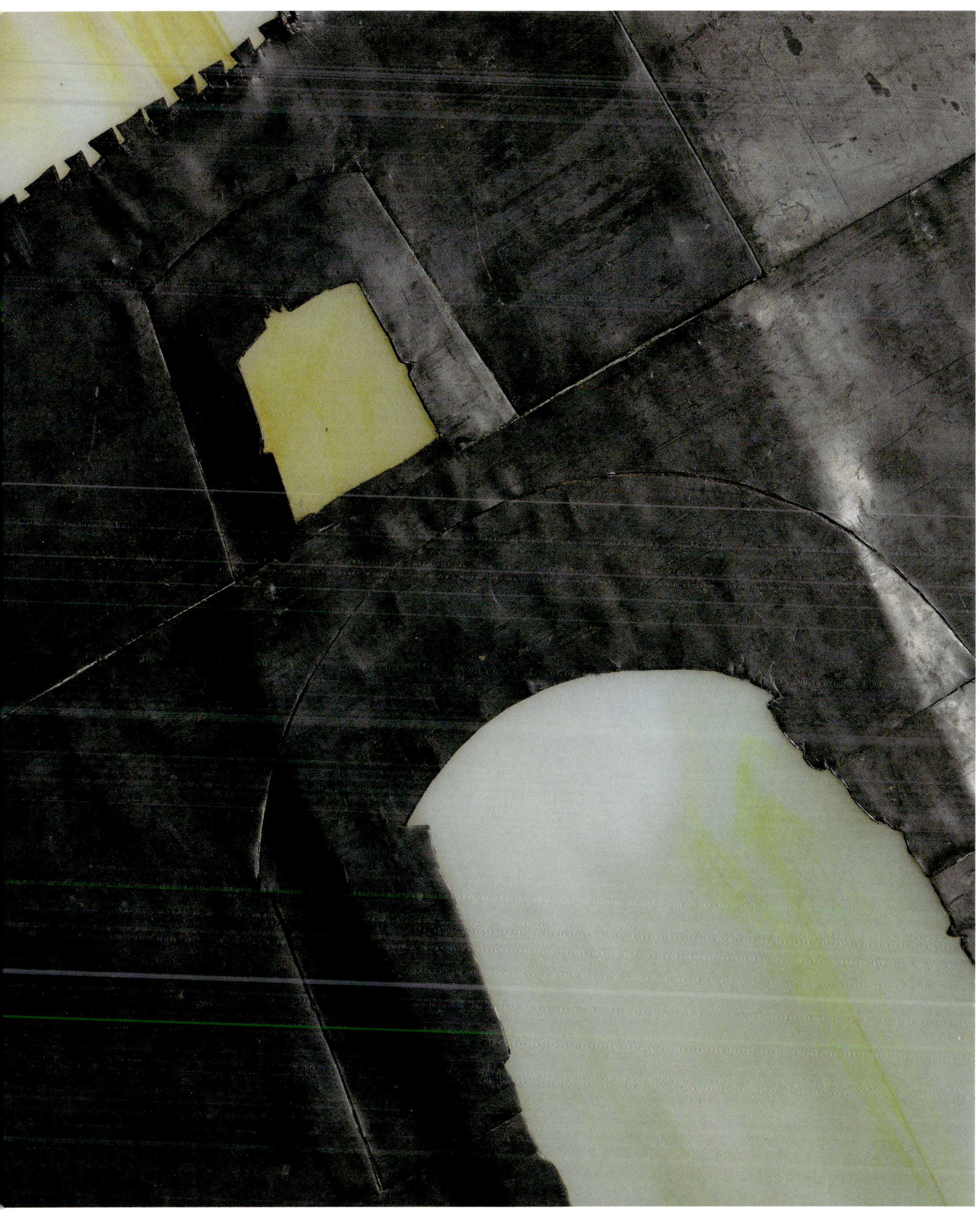

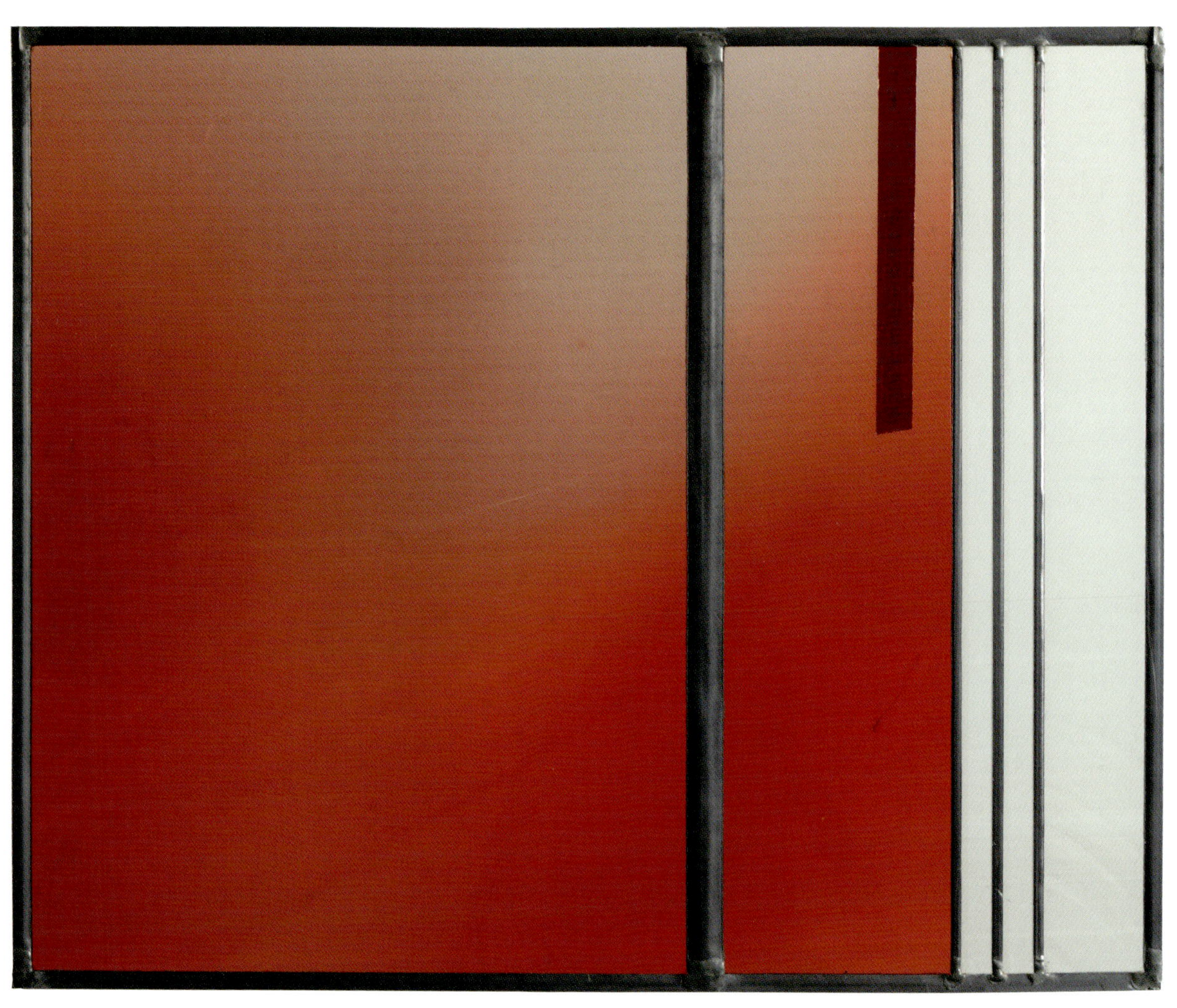

Kracht
2017, painted, stained glass
51 x 62 cm

On the road 2
2016, painted, stained glass, mirror
44 x 59 cm

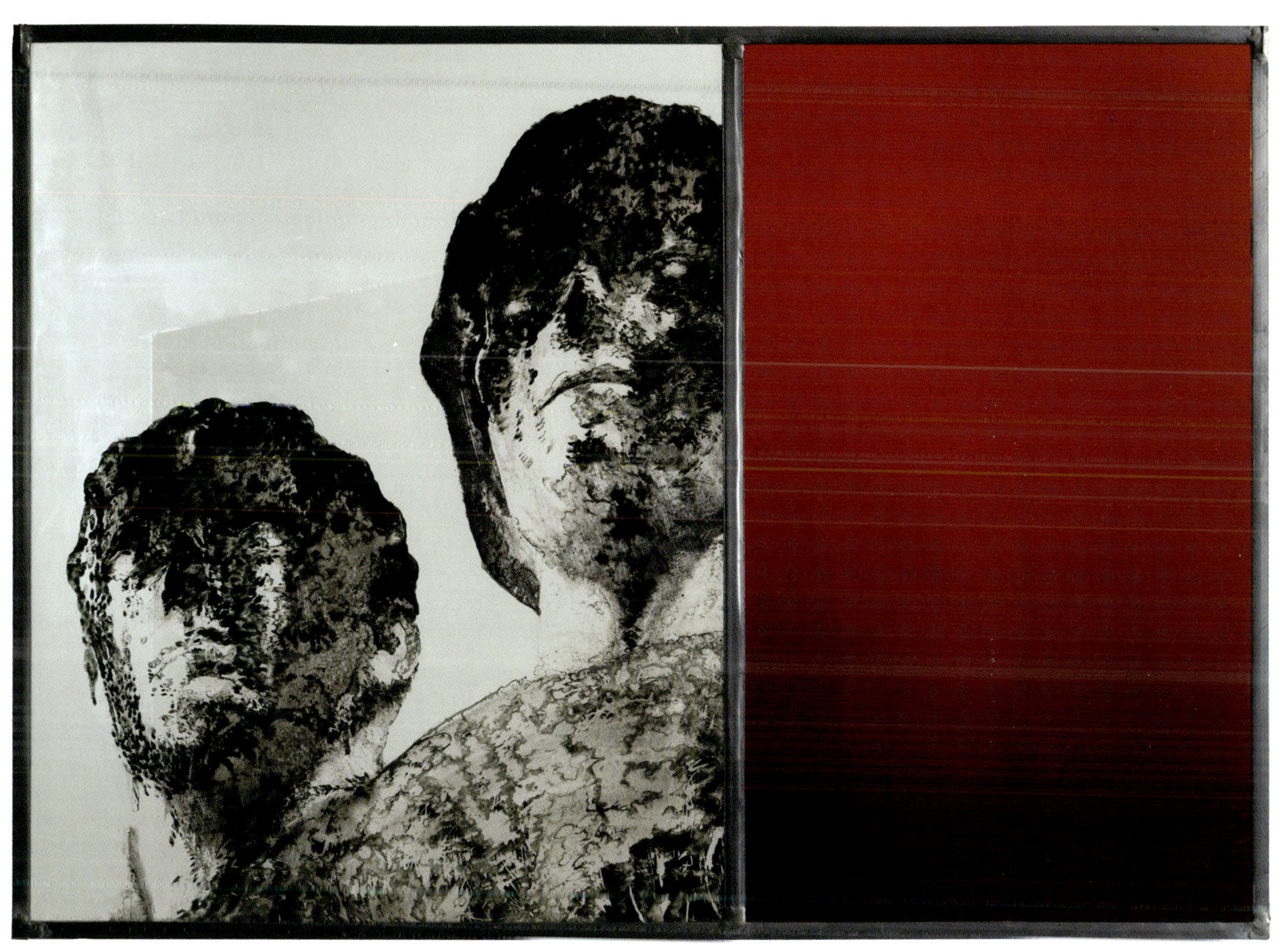

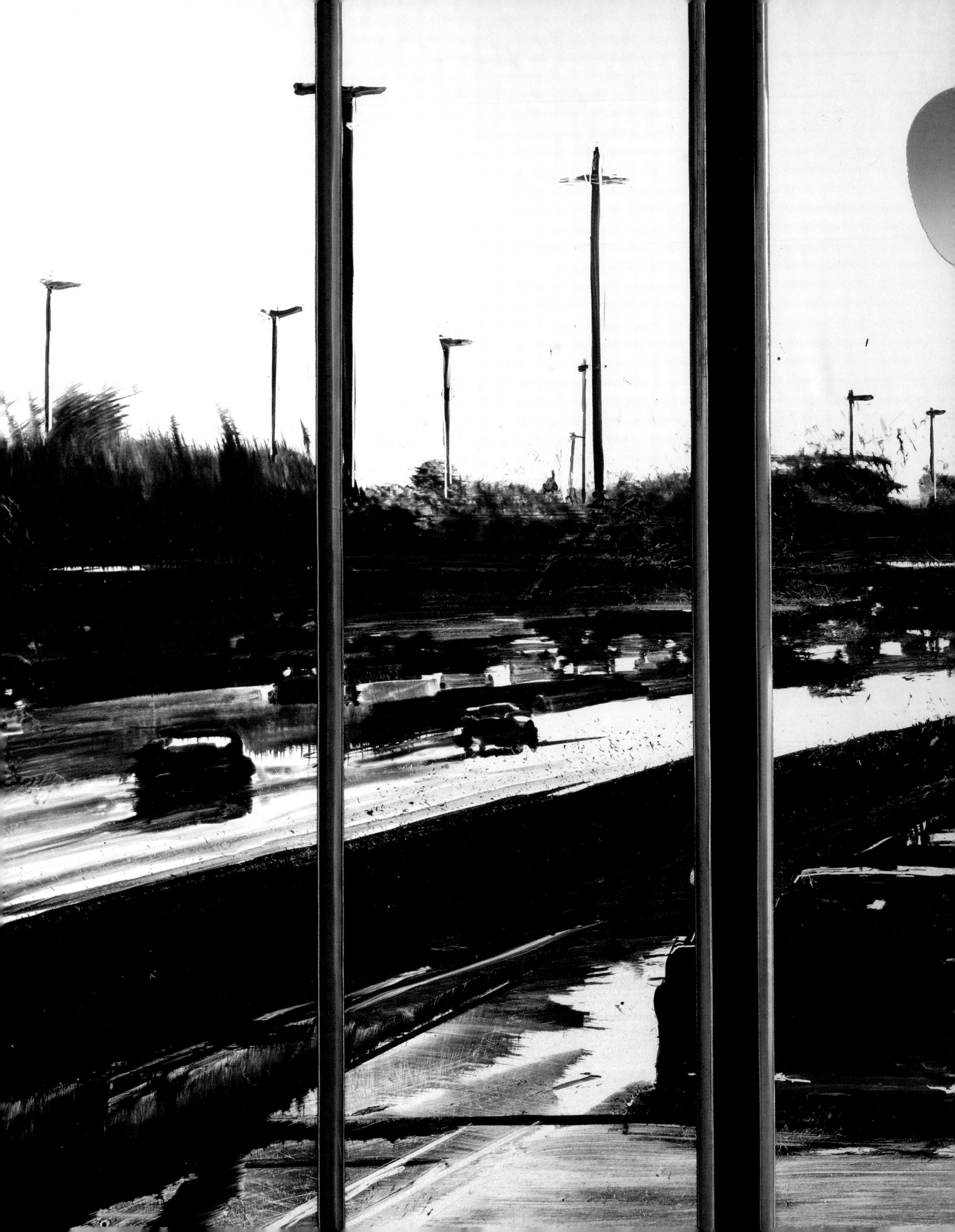

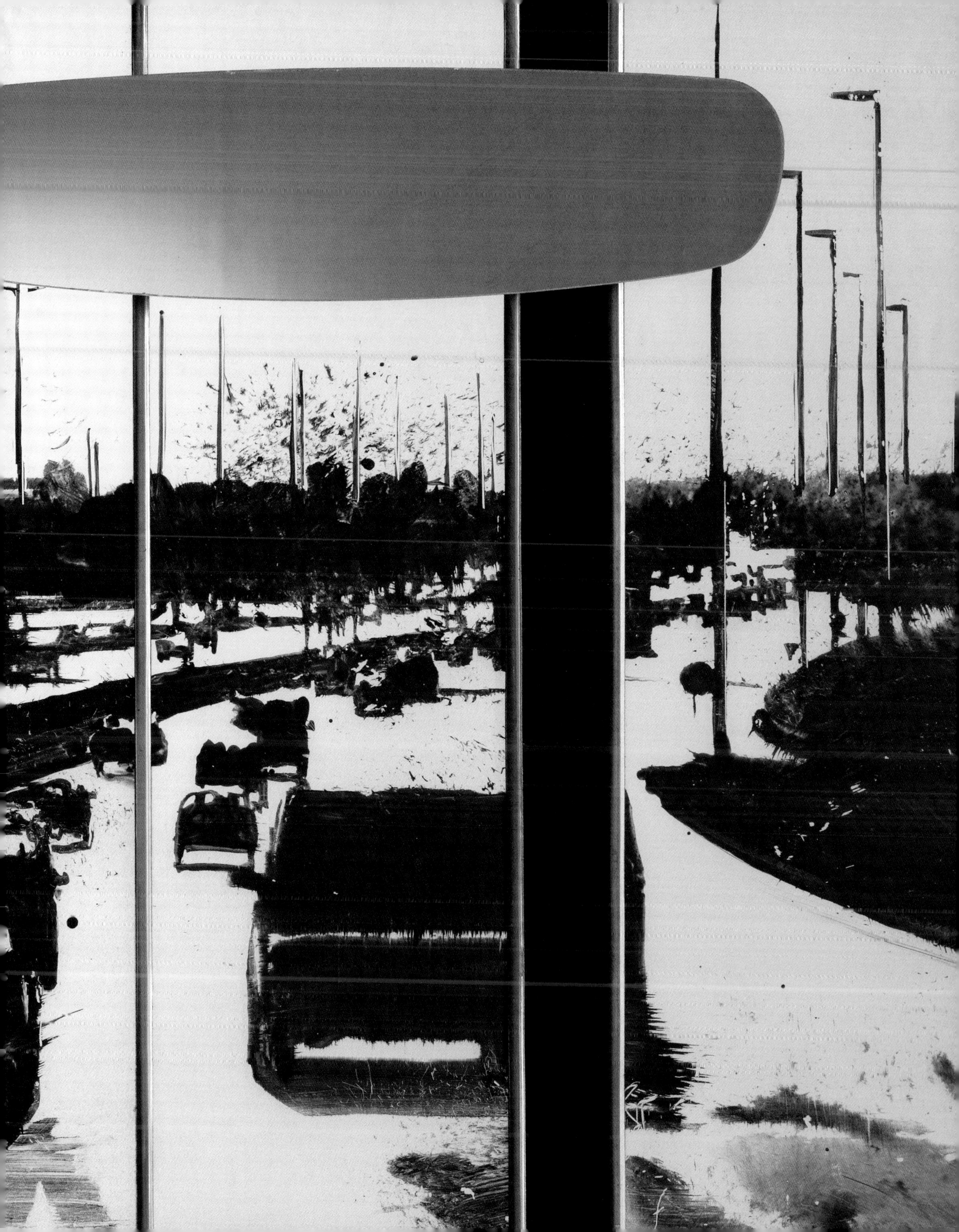

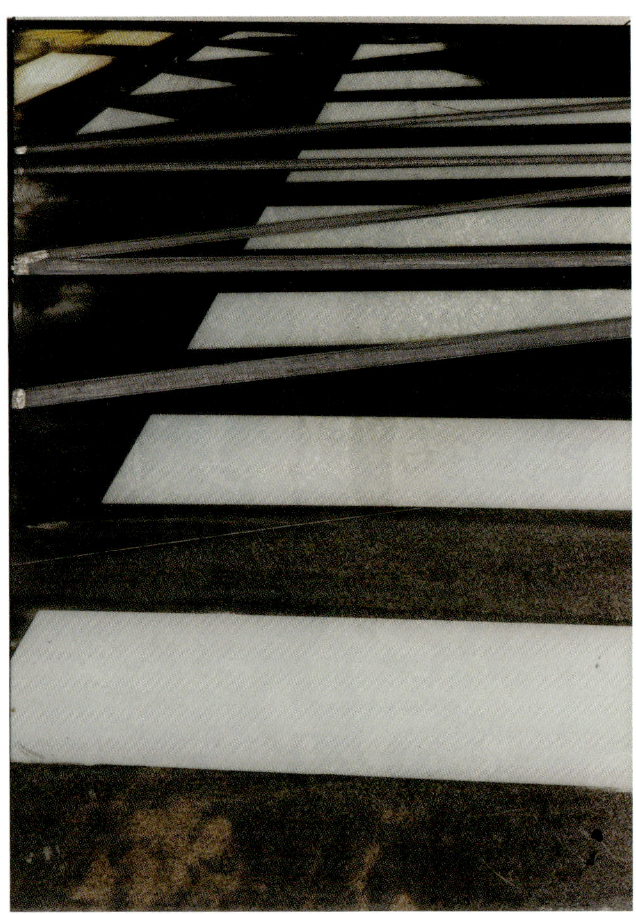

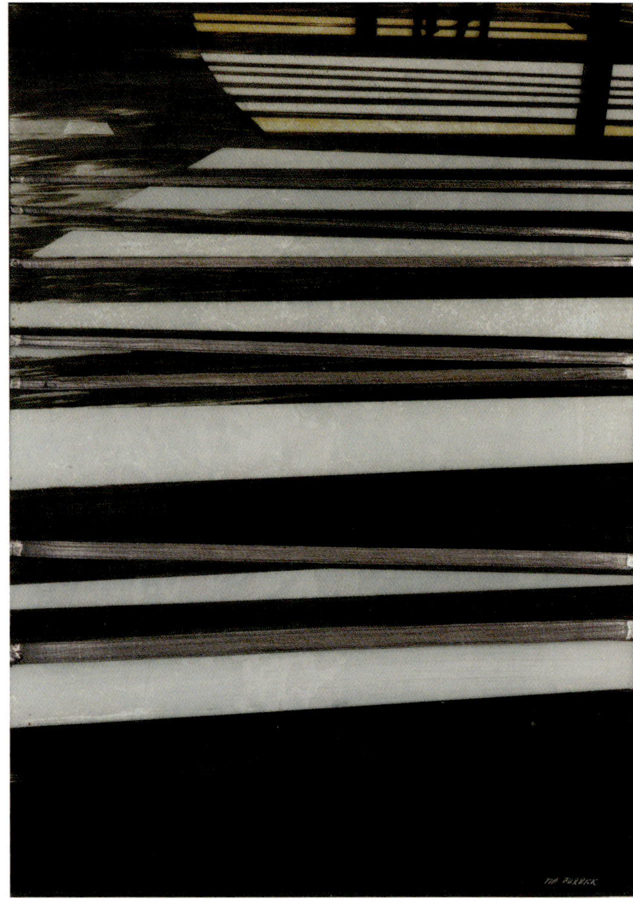

Amsterdam
2014, painted, stained glass
4 x 41 x 30cm

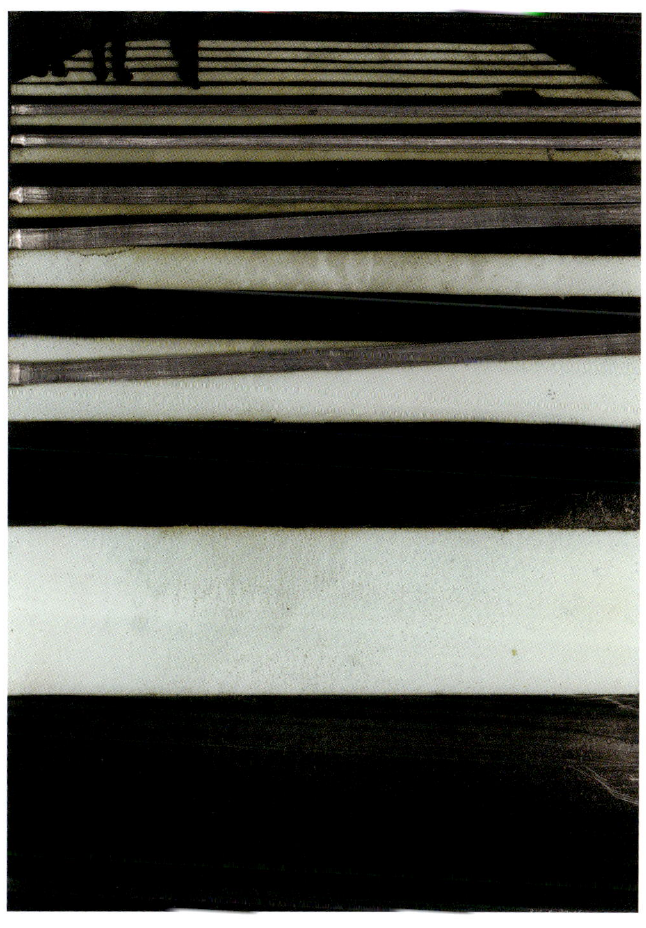

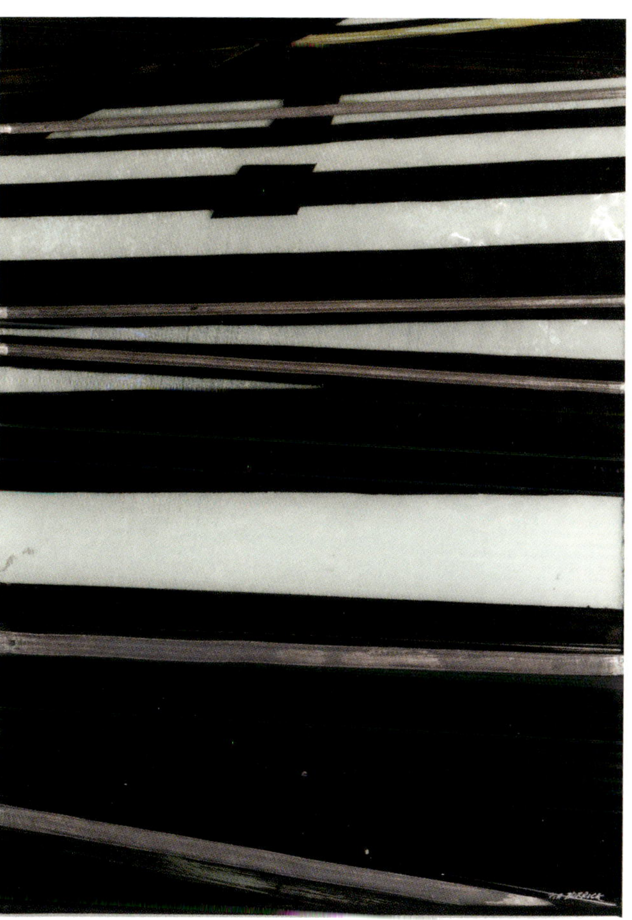

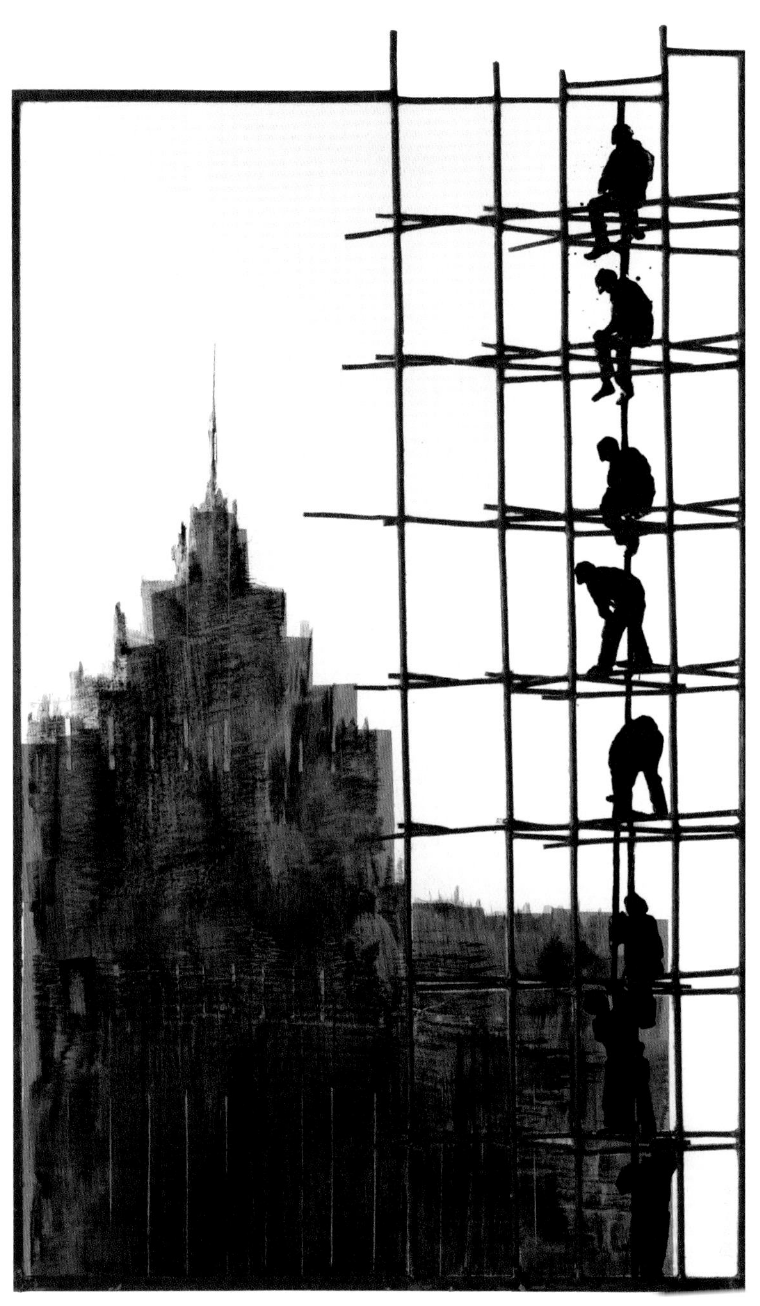

China
2013, painted, stained glass
45 x 80 cm

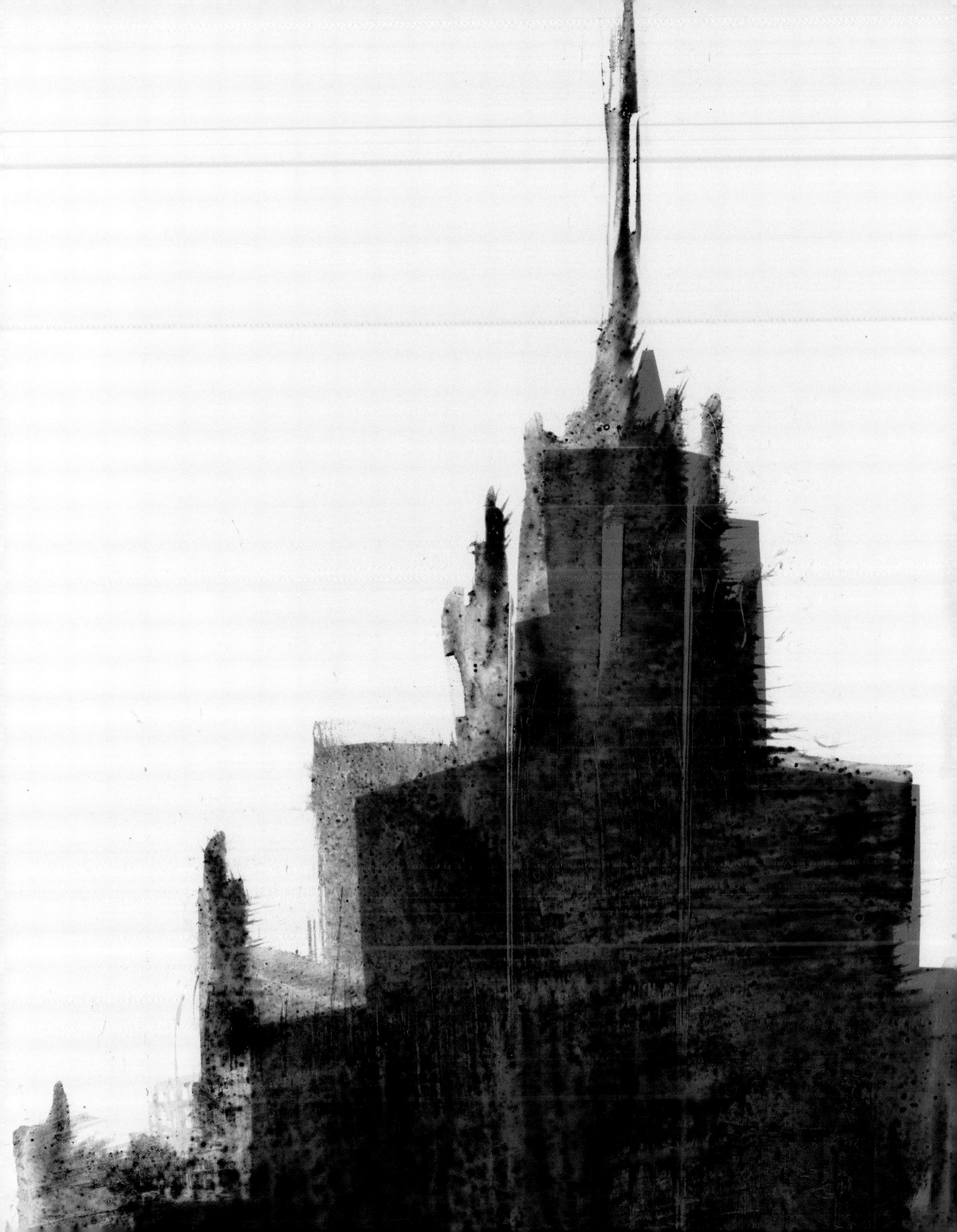

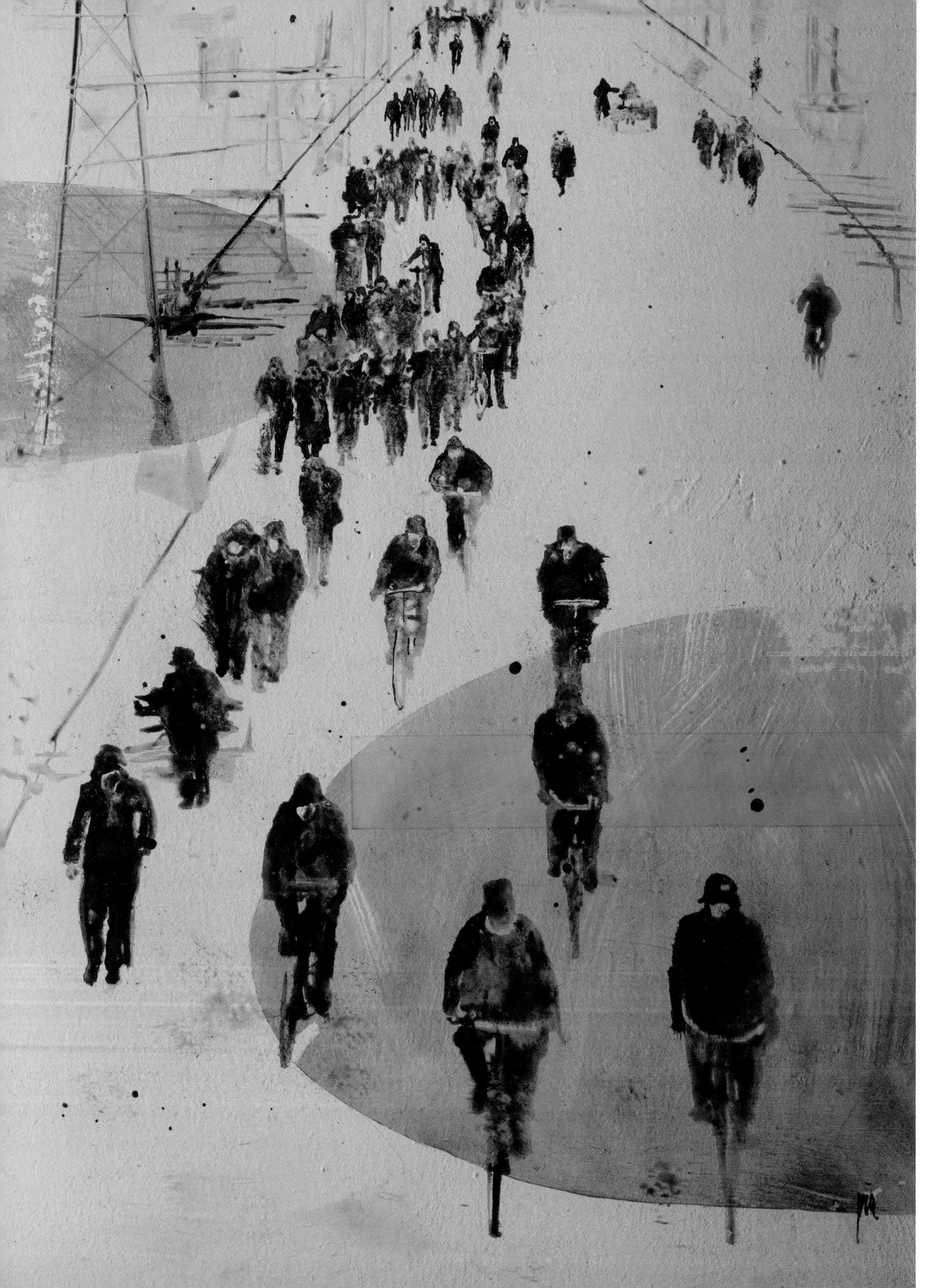

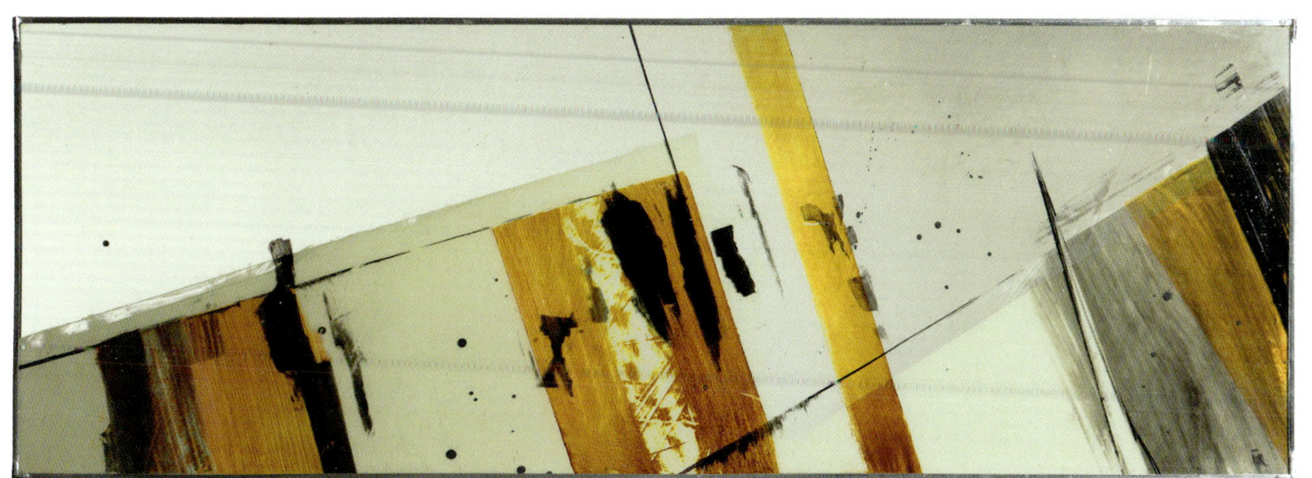

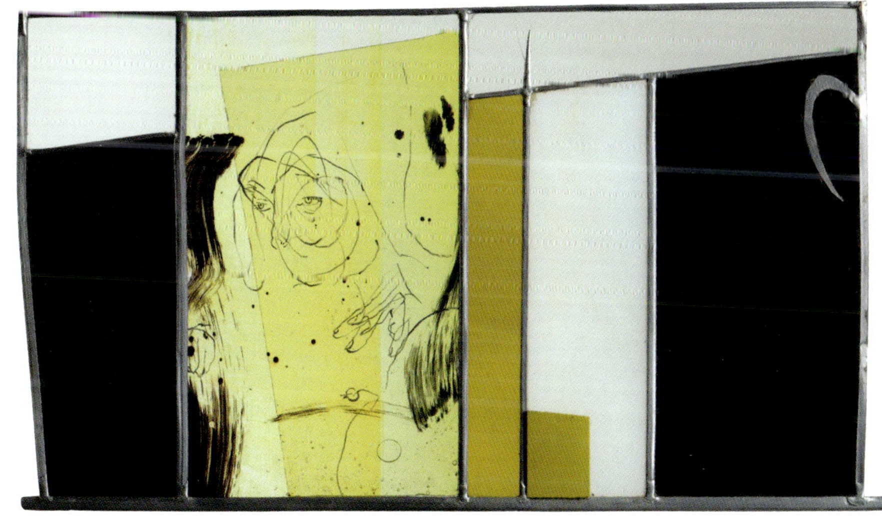

China
2018, painted glass
81 x 56 cm

Untitled
2017, painted glass
30 x 84 cm

Untitled
2017, painted stained glass
34 x 59 cm

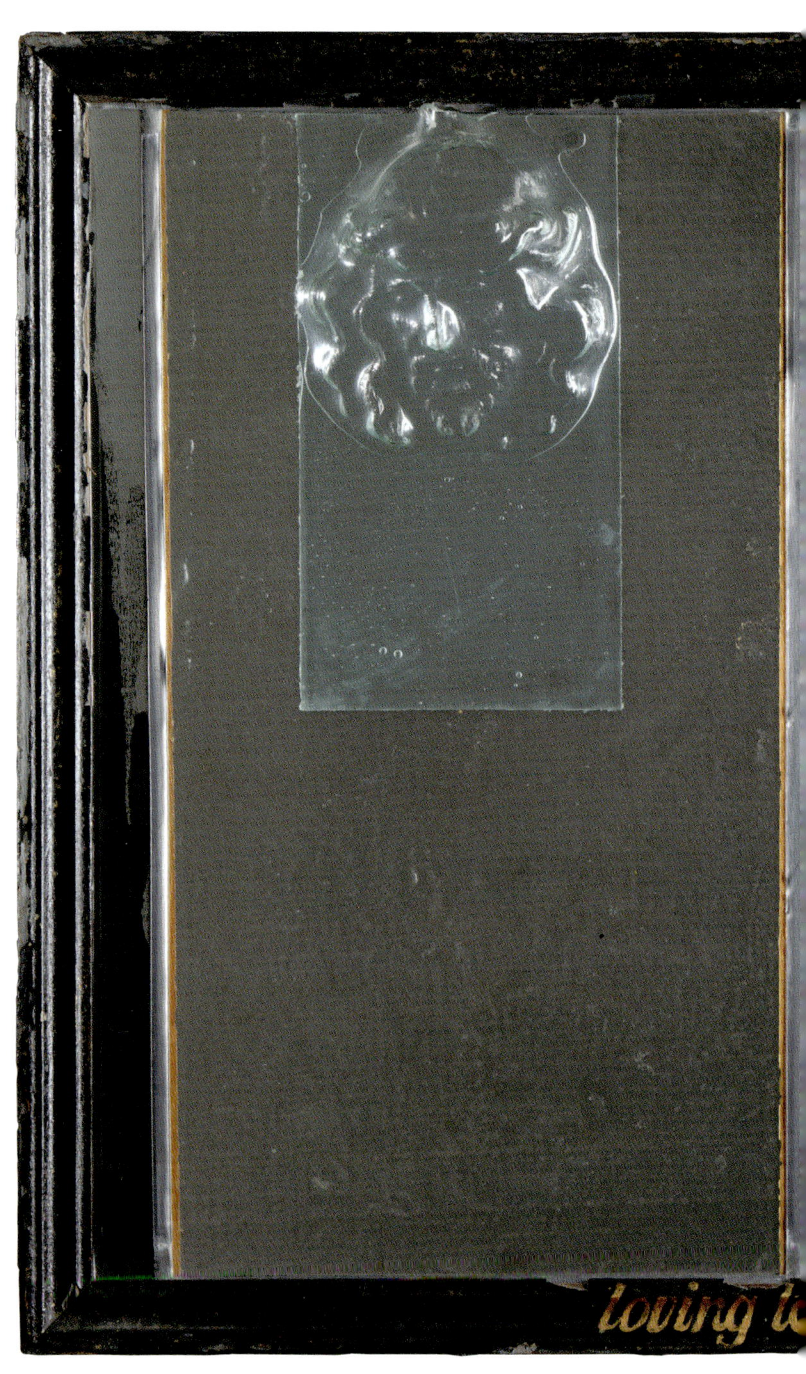

Loving, Leaving, Losing
2001, slumped glass, old frame, ink
51 x 64 cm

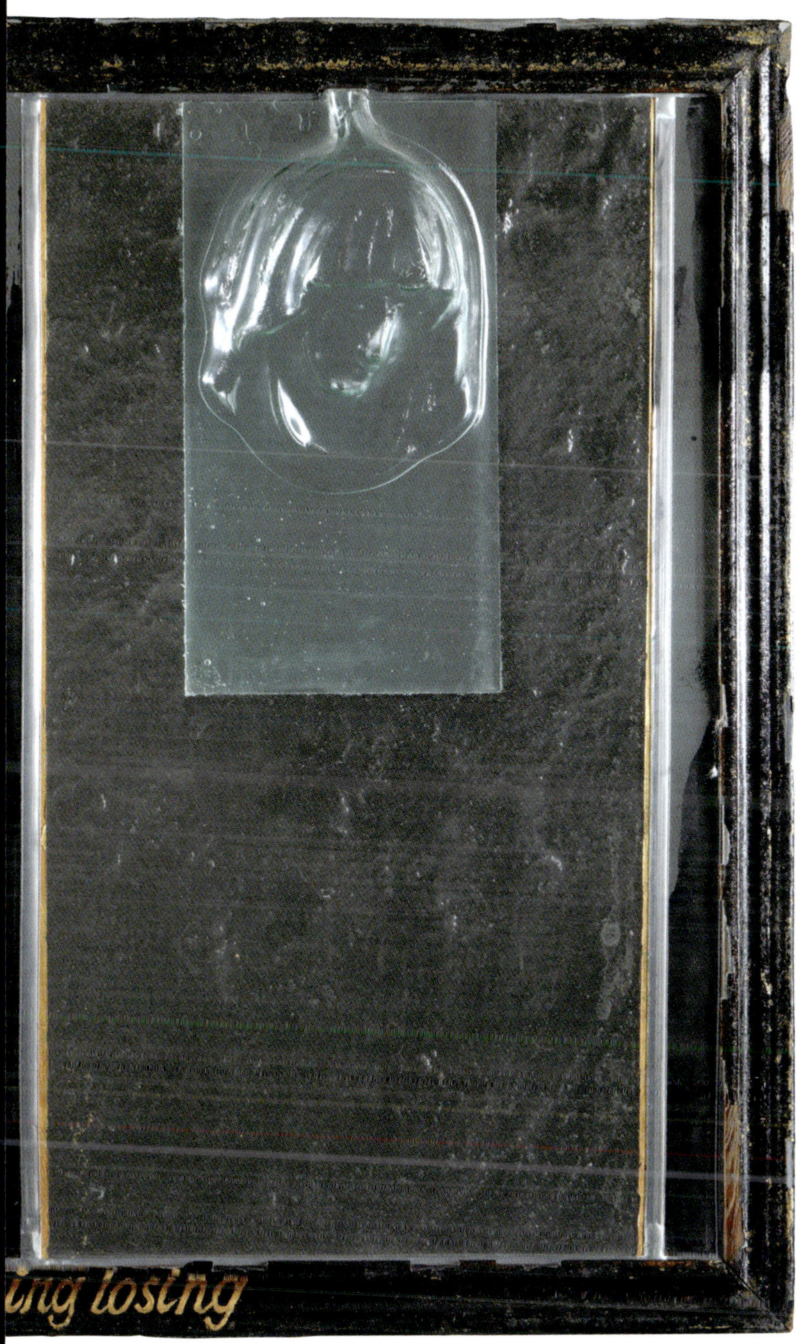
ing losing

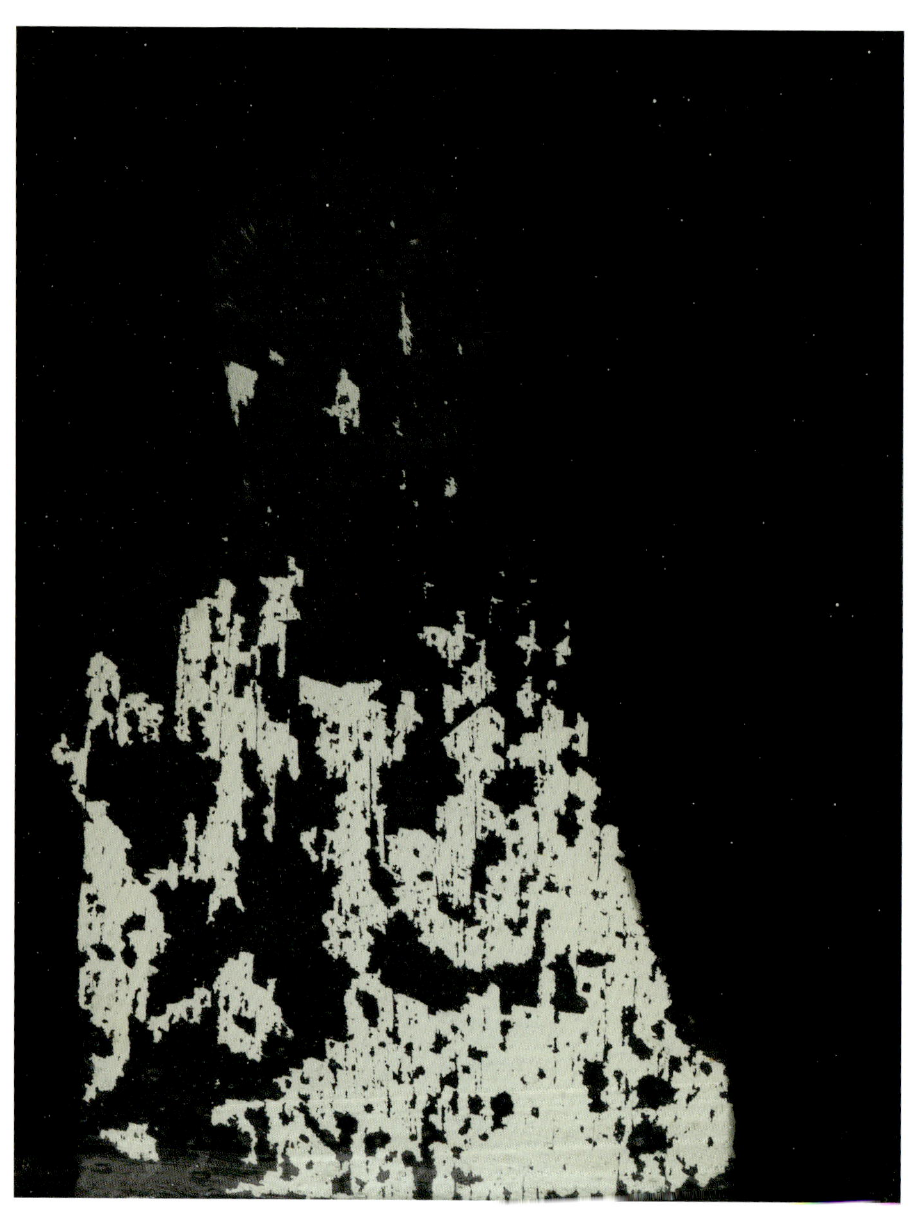

Mystiek
2010, ink on glass
32 x 23 cm

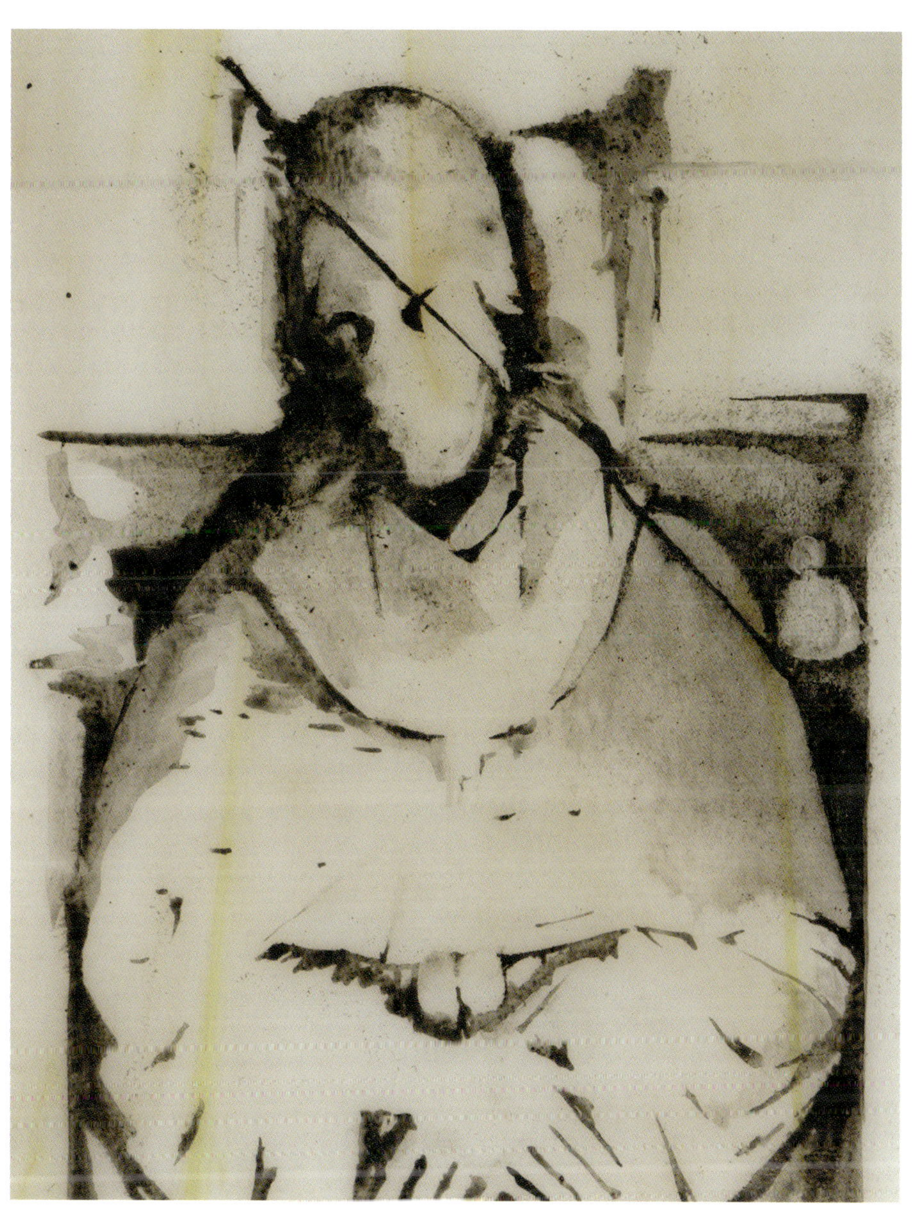

Silence
2009, painted glass
32 x 23 cm

Tristesse
2013, painted, sandblasted glass, marble
different sizes, 13 panels

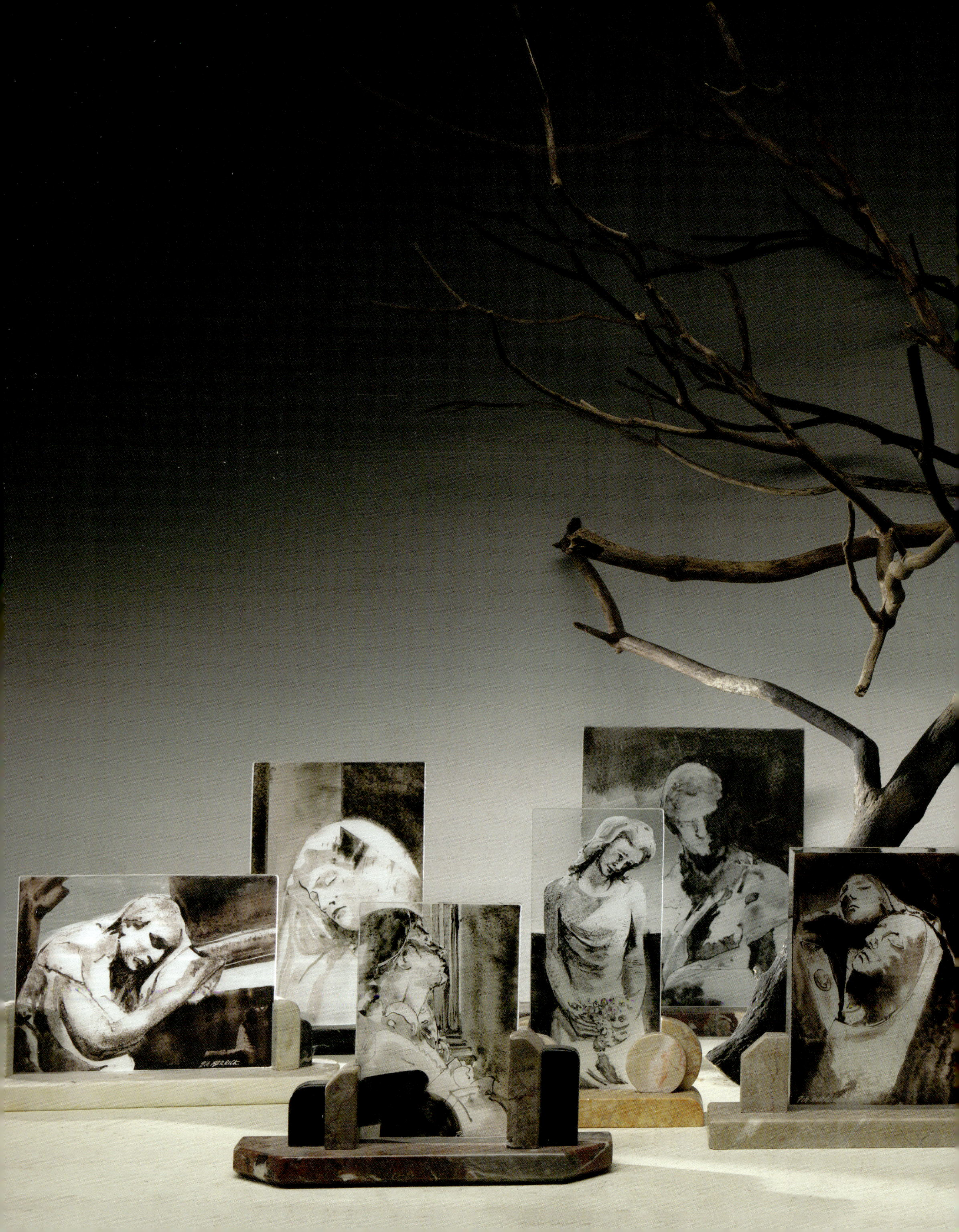

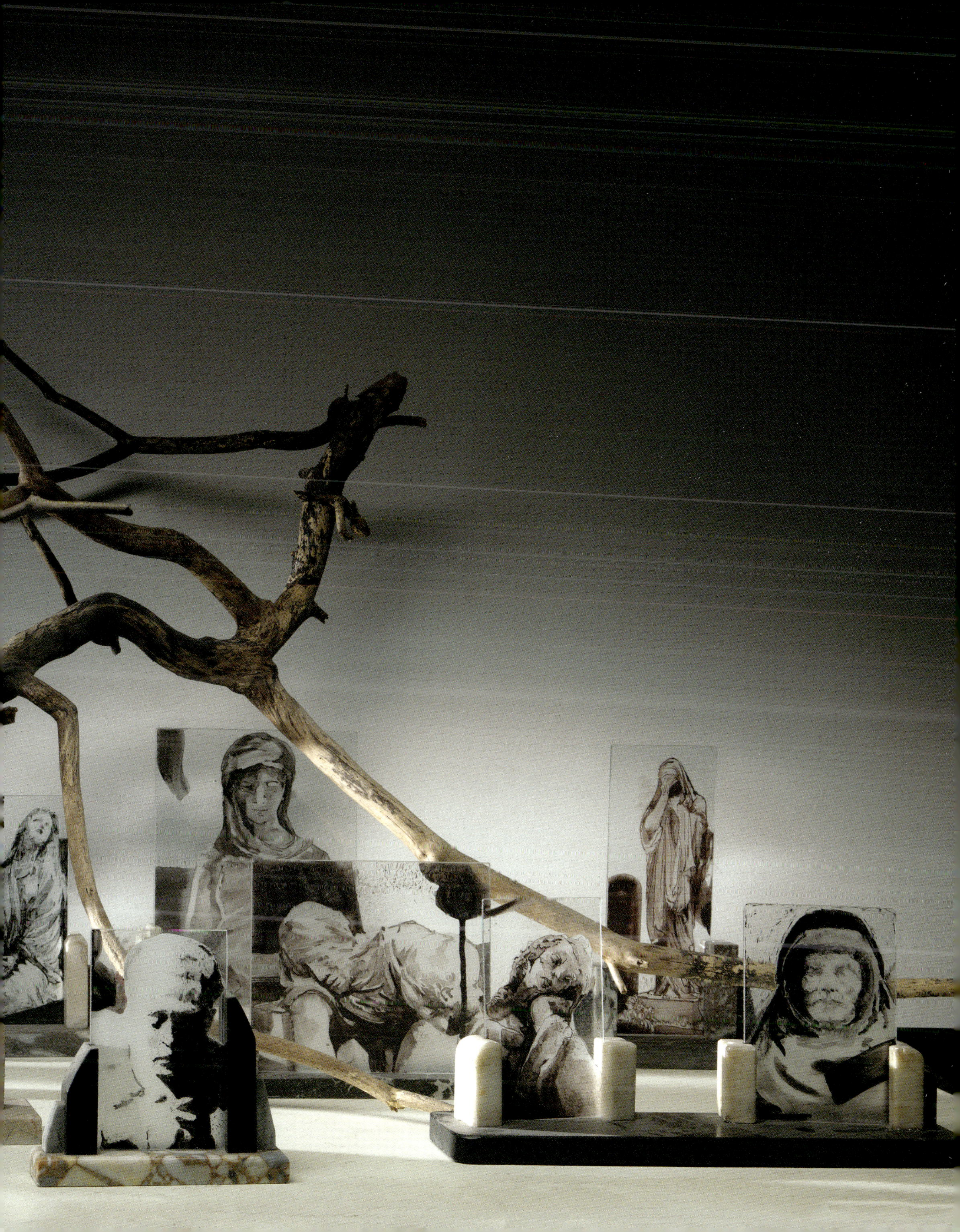

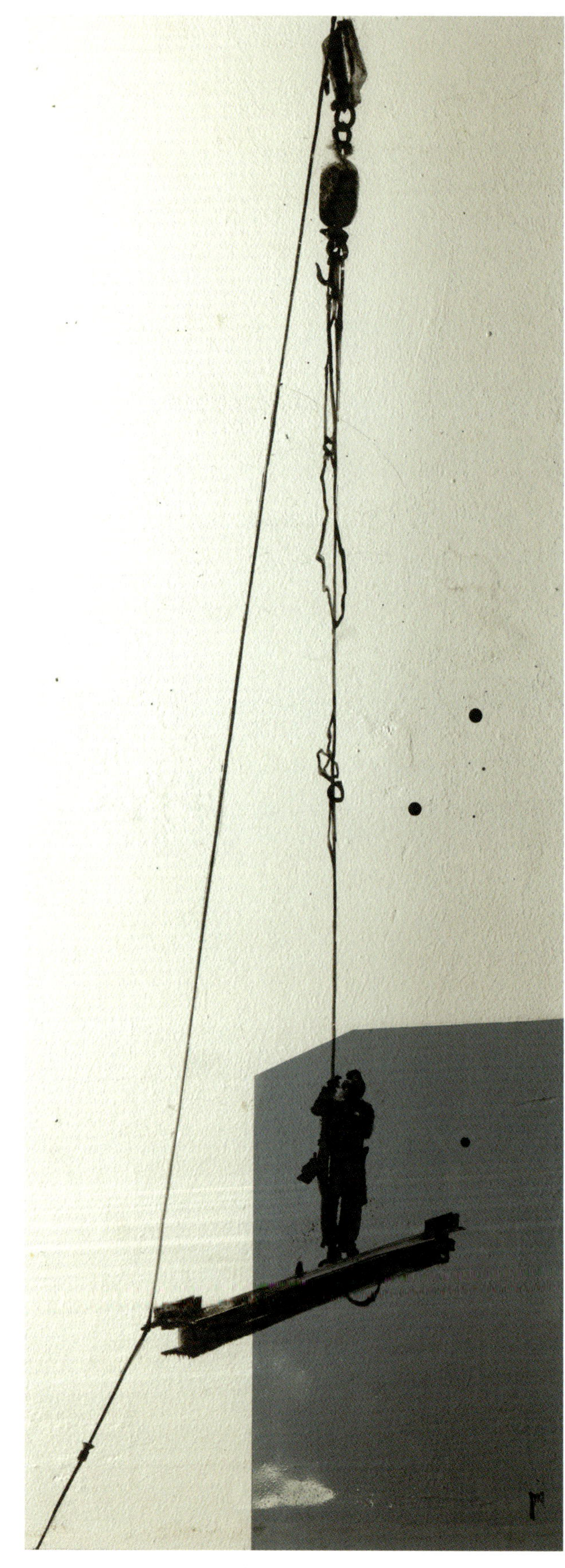

Untitled
2019, painted glass
110 x 40 cm

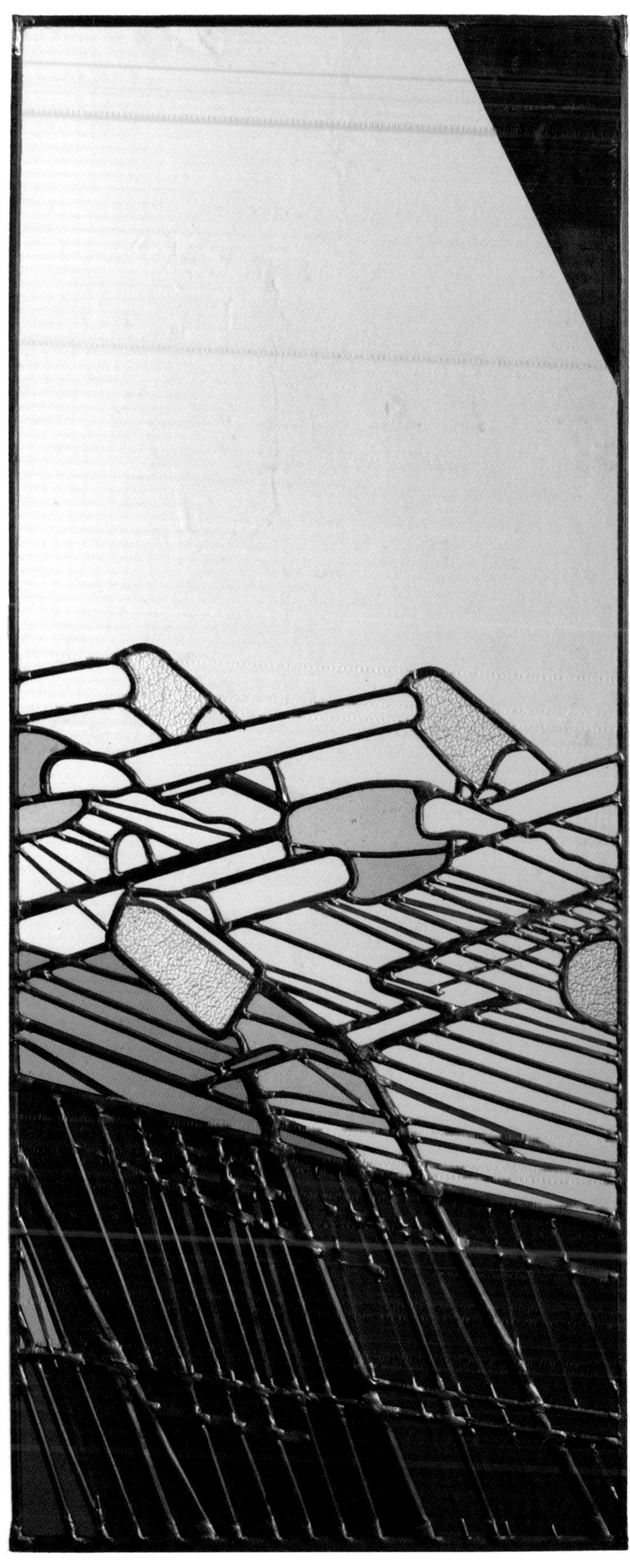

Grand Bazar
2012, stained glass
95 x 38 cm

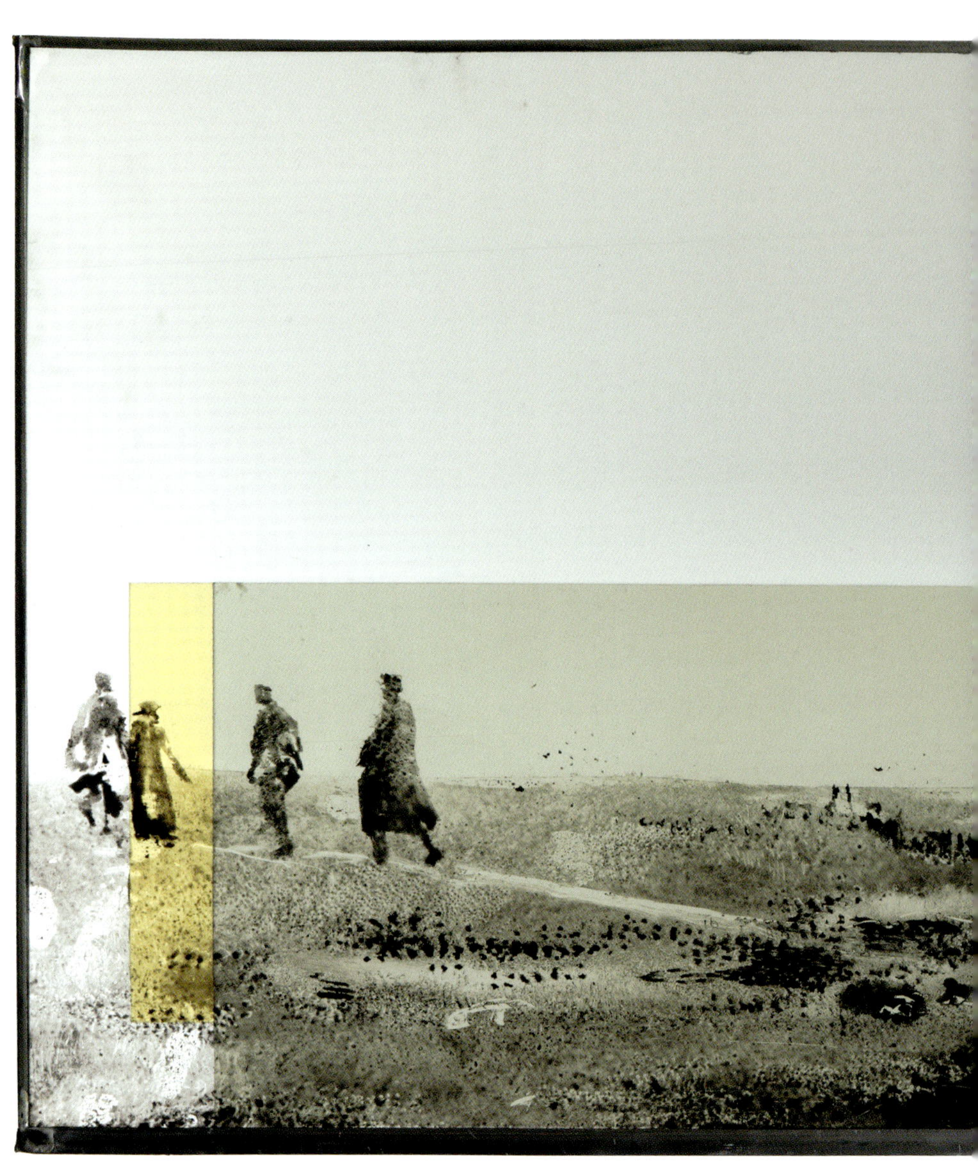

W.O.1
2015, painted glass, collage
41 x 90 cm

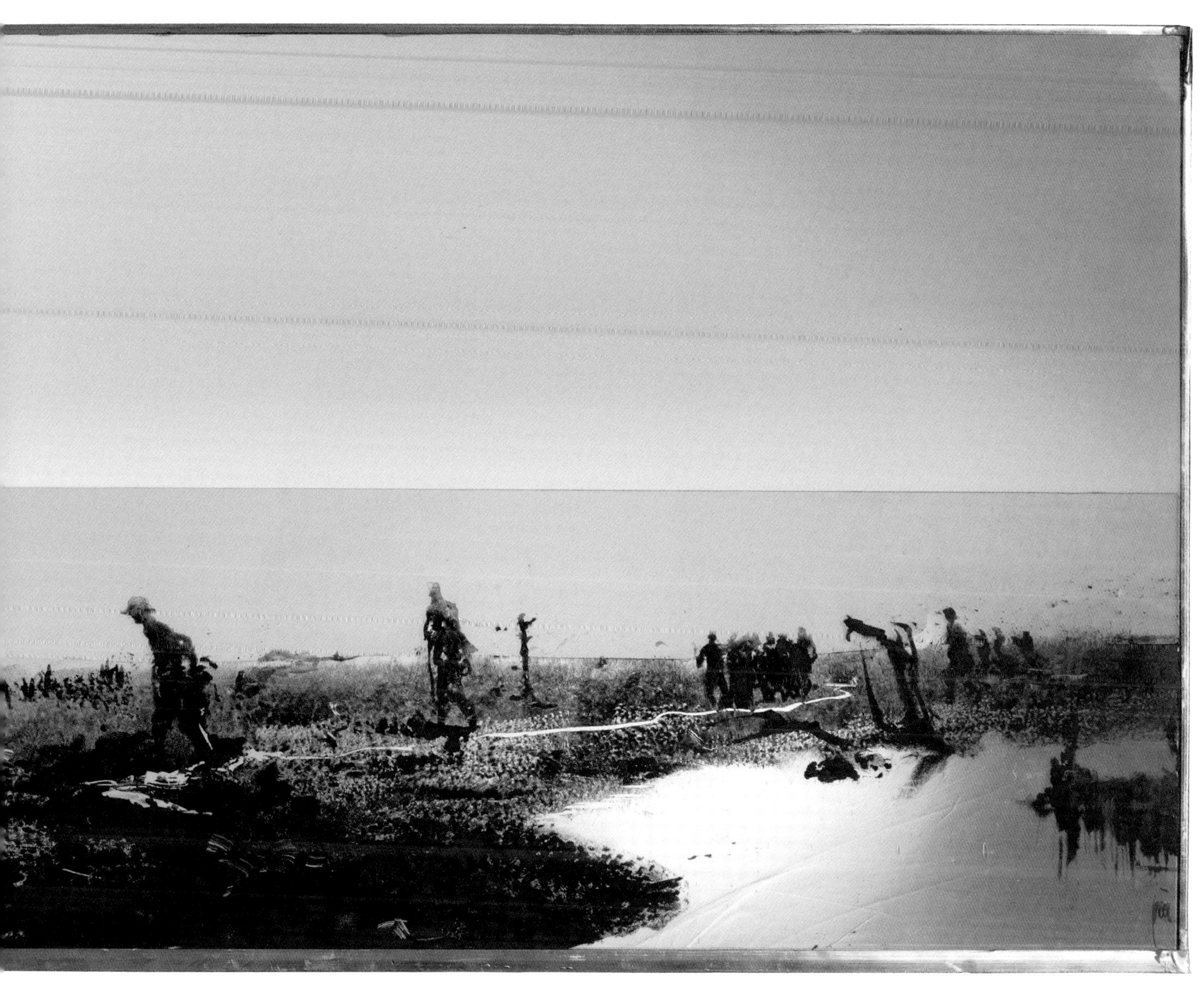

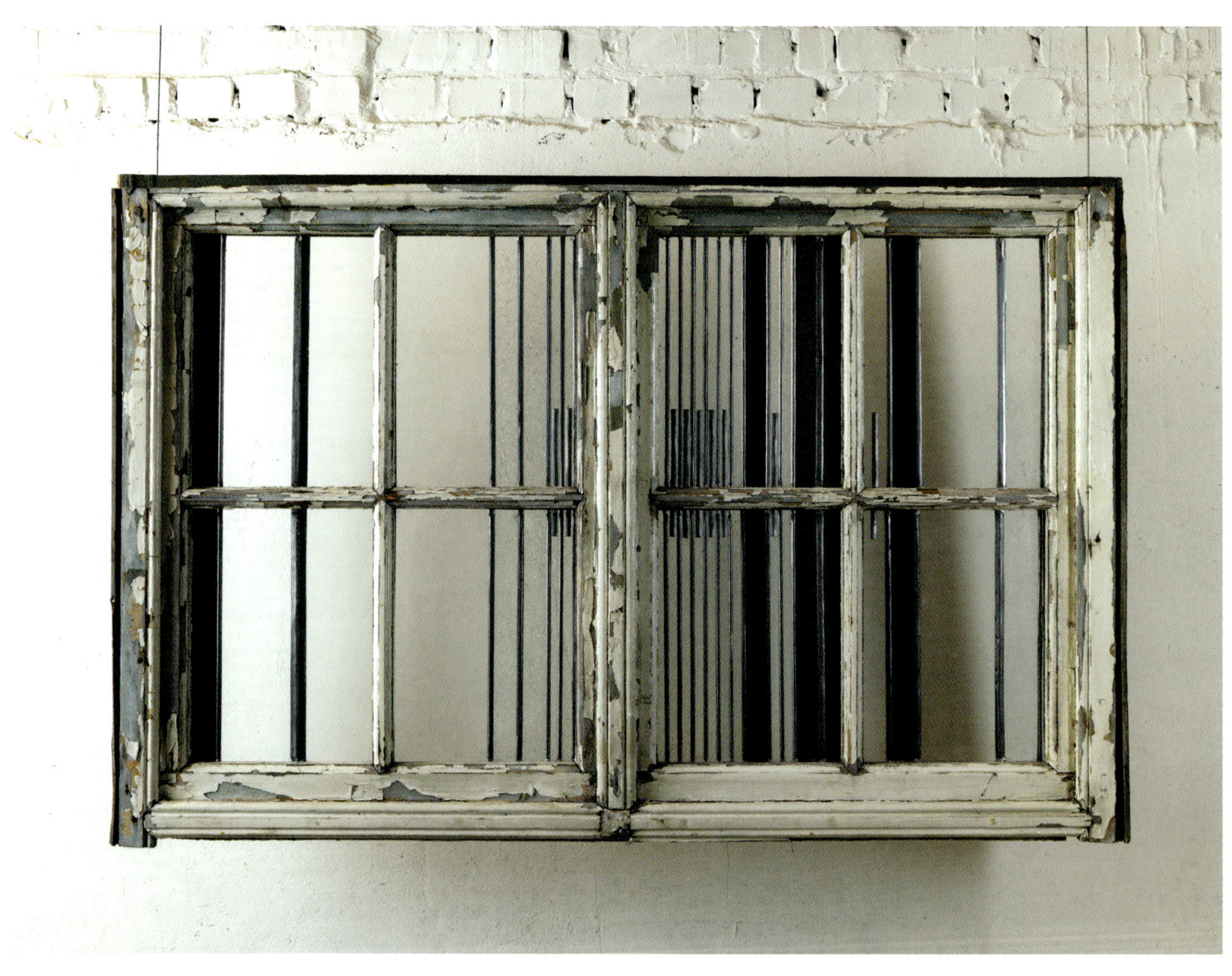

Untitled
2009, stained glass in wooden frame
85 x 130 cm

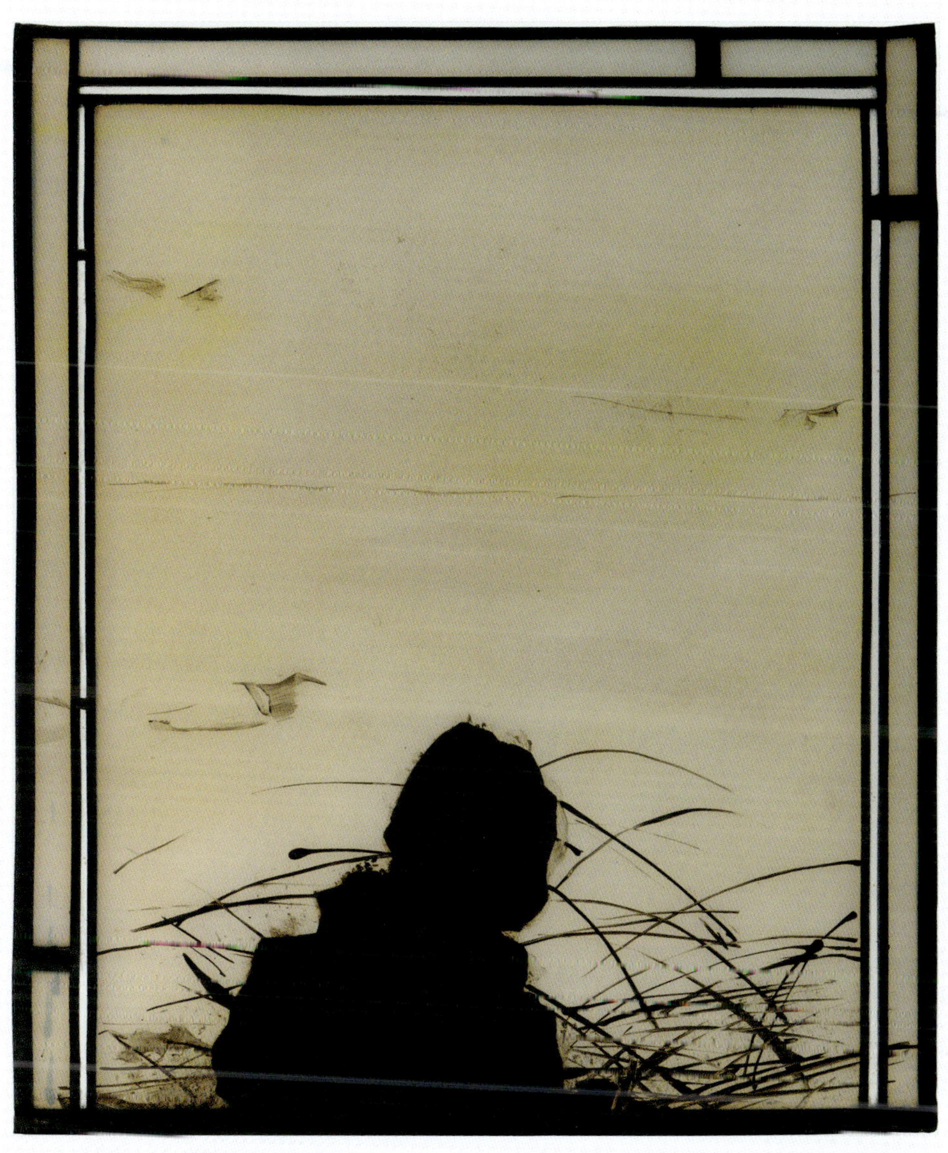

Zelfportret
2011, painted, stained glass
32 x 38 cm

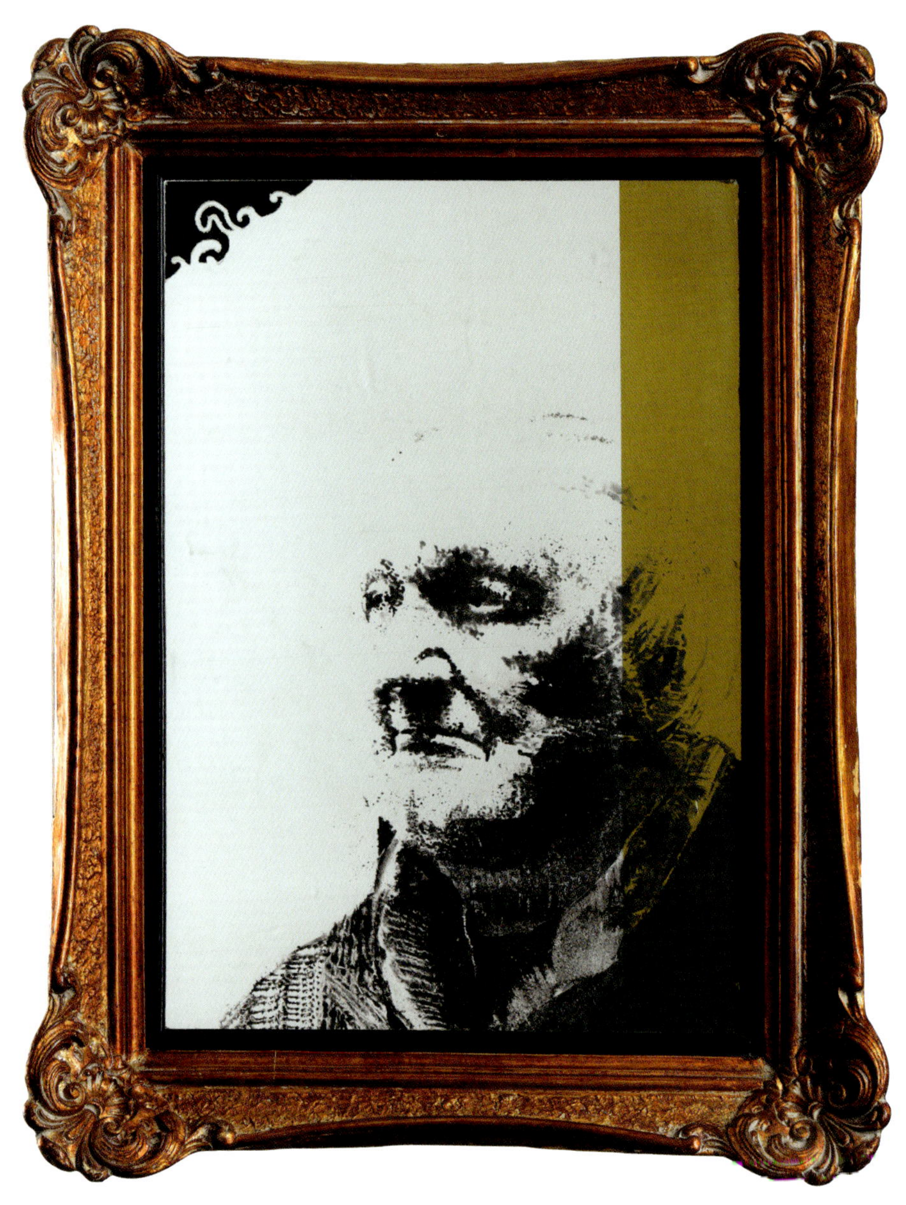

Papa
2016, painted glass in wooden frame
60 x 45 cm

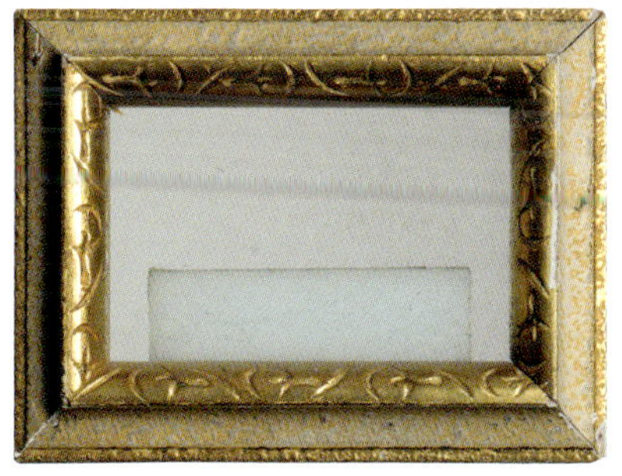

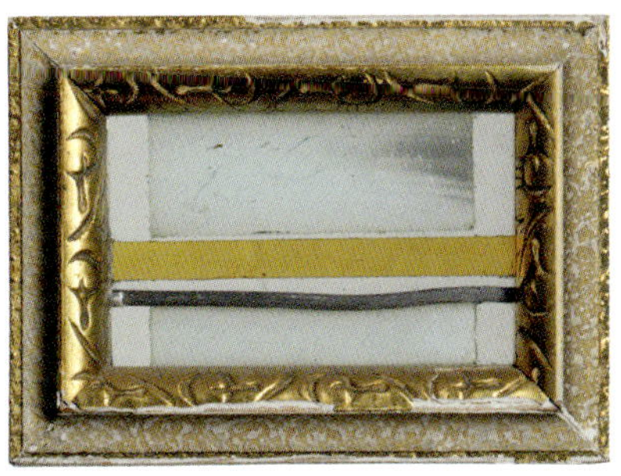

Vlucht
2012, painted glass in wooden frames
87 x 20 cm

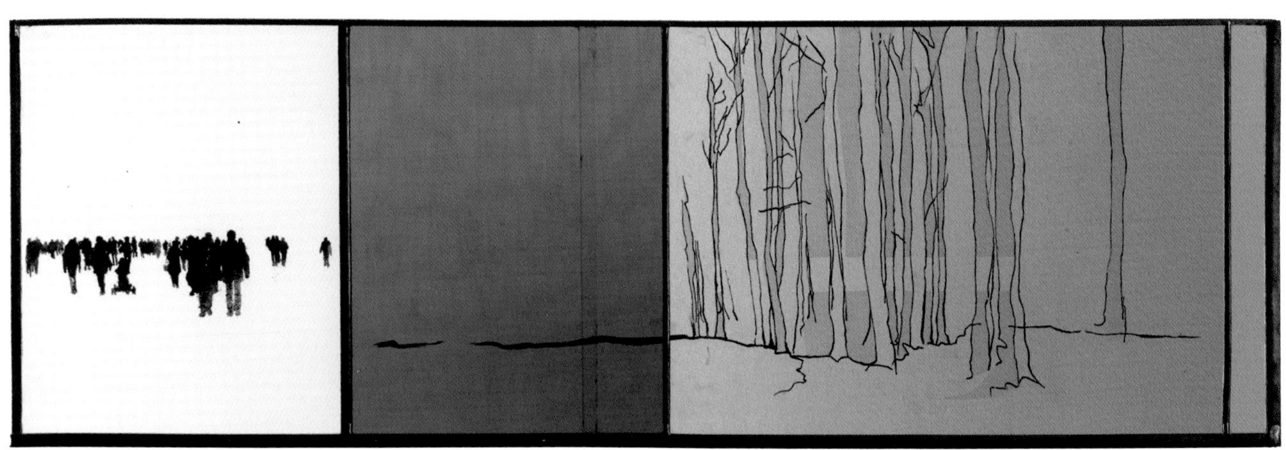

De Uitstap
2017, painted, stained glass, sandblasted
30 x 91 cm

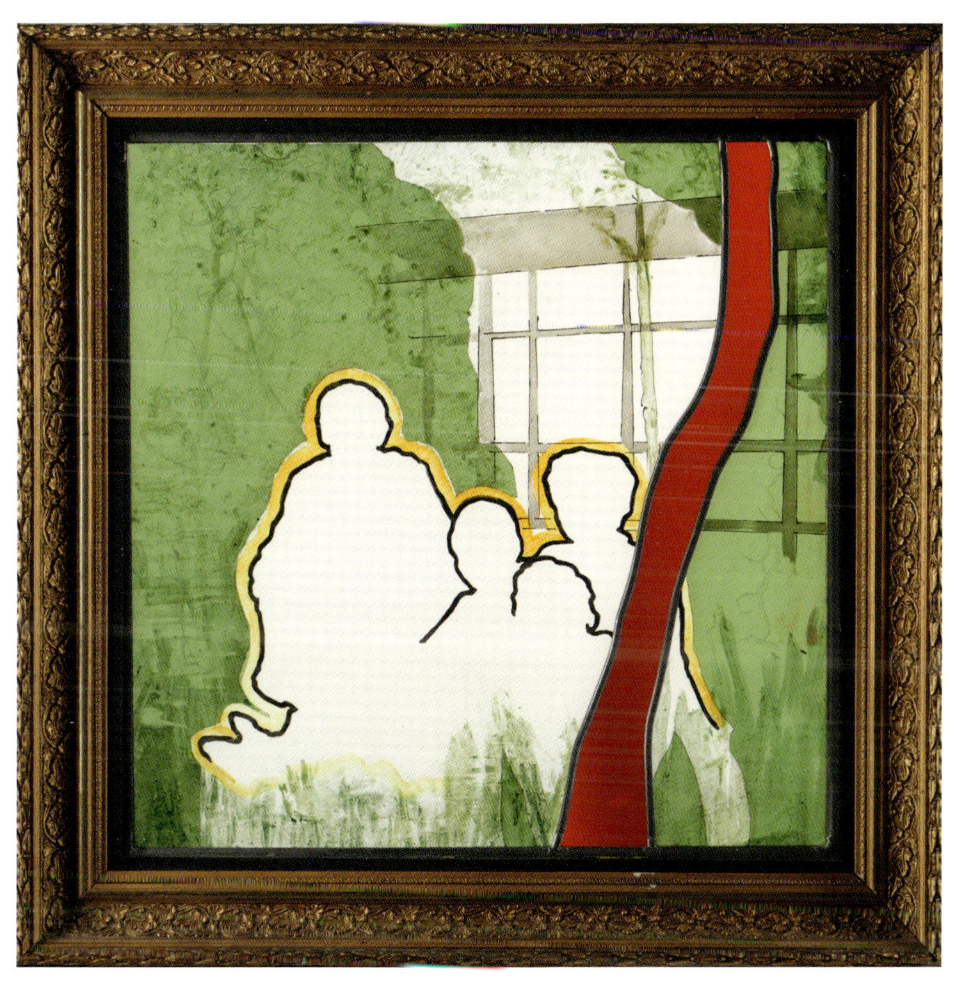

Hommage
2012, painted, stained glass in wooden frame
70 x 70 cm

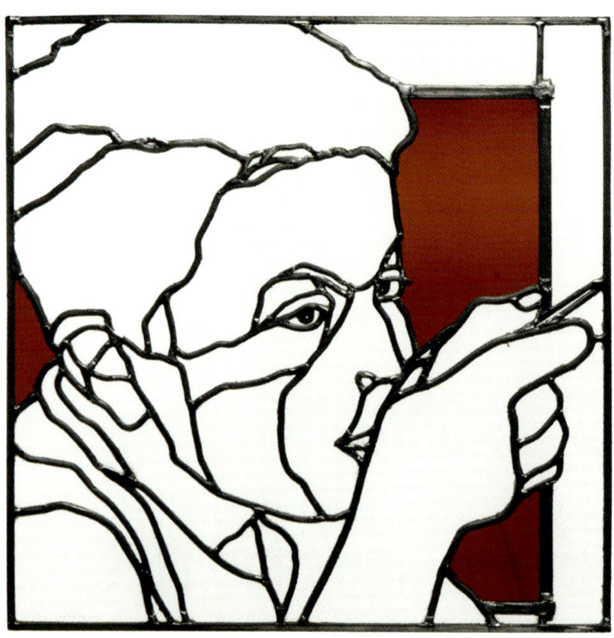

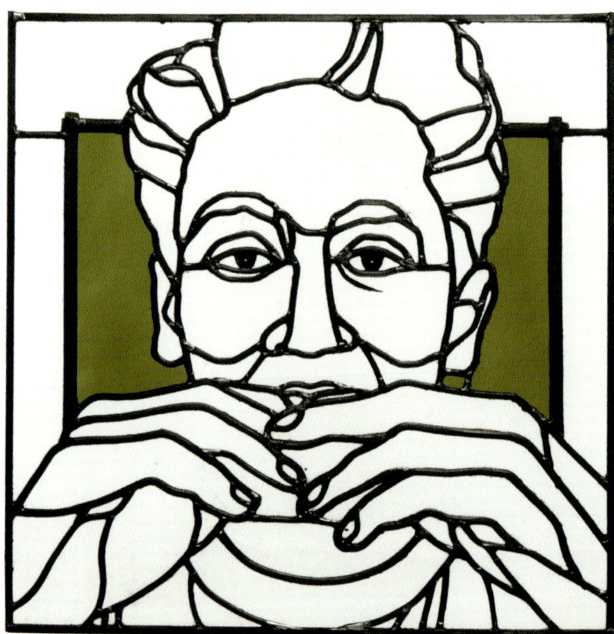

De Jongens op Zondagochtend
2001, stained glass
4 x 45 x 45 cm

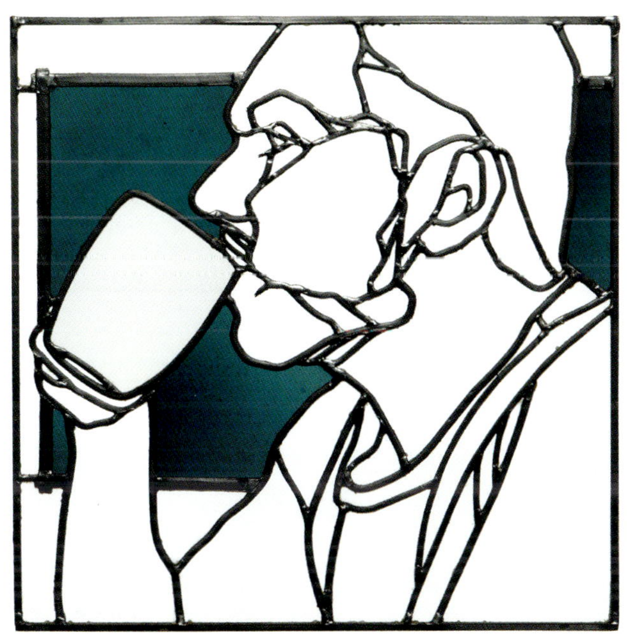

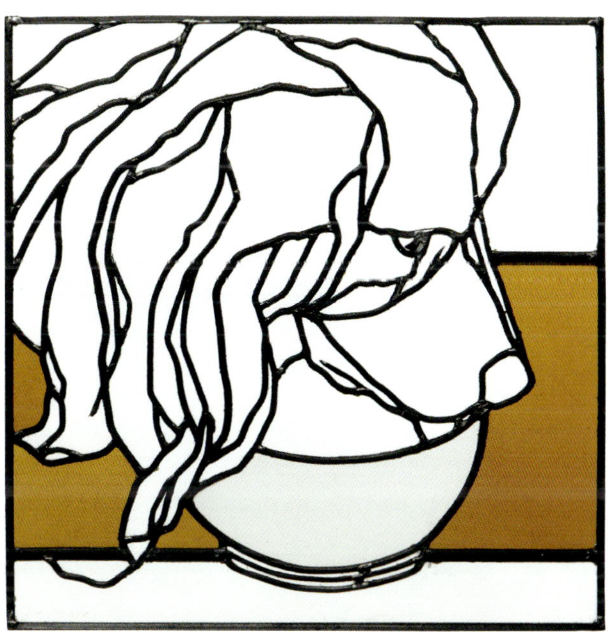

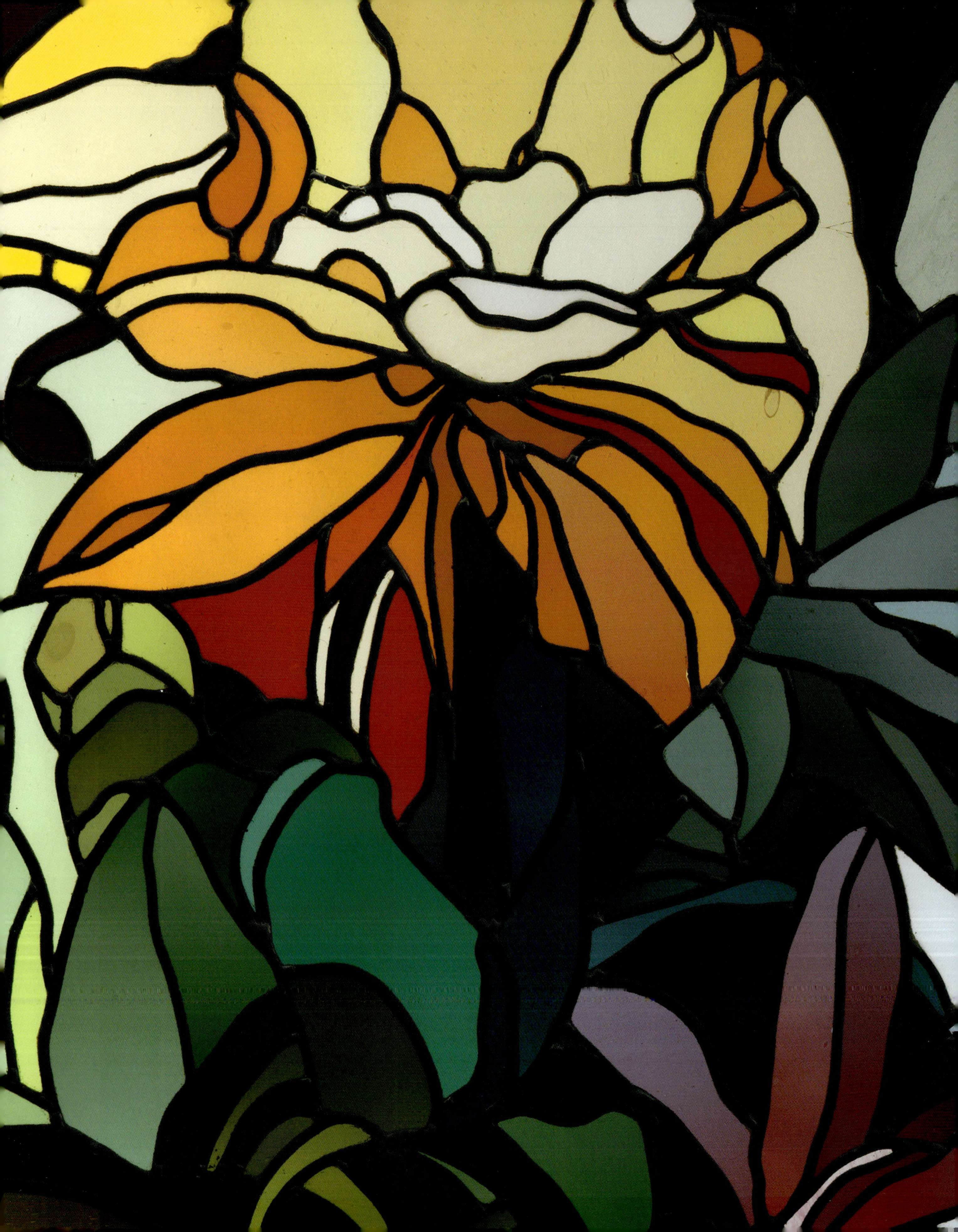

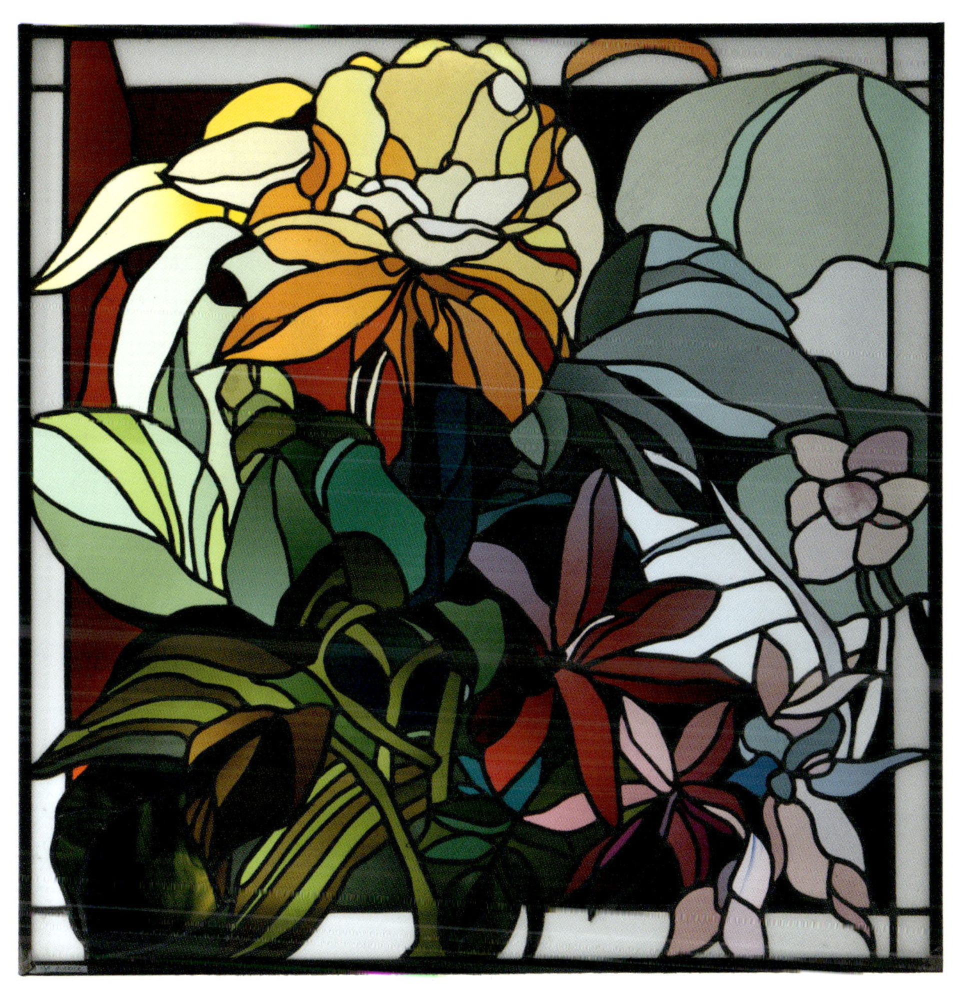

Bloemen
1998, stained glass
100 x 100 cm

Kein Mensch ist Illegal
2015, painted glass in wooden frame
24 x 24 cm

Il mostro
2015, painted glass
55 x 55 cm

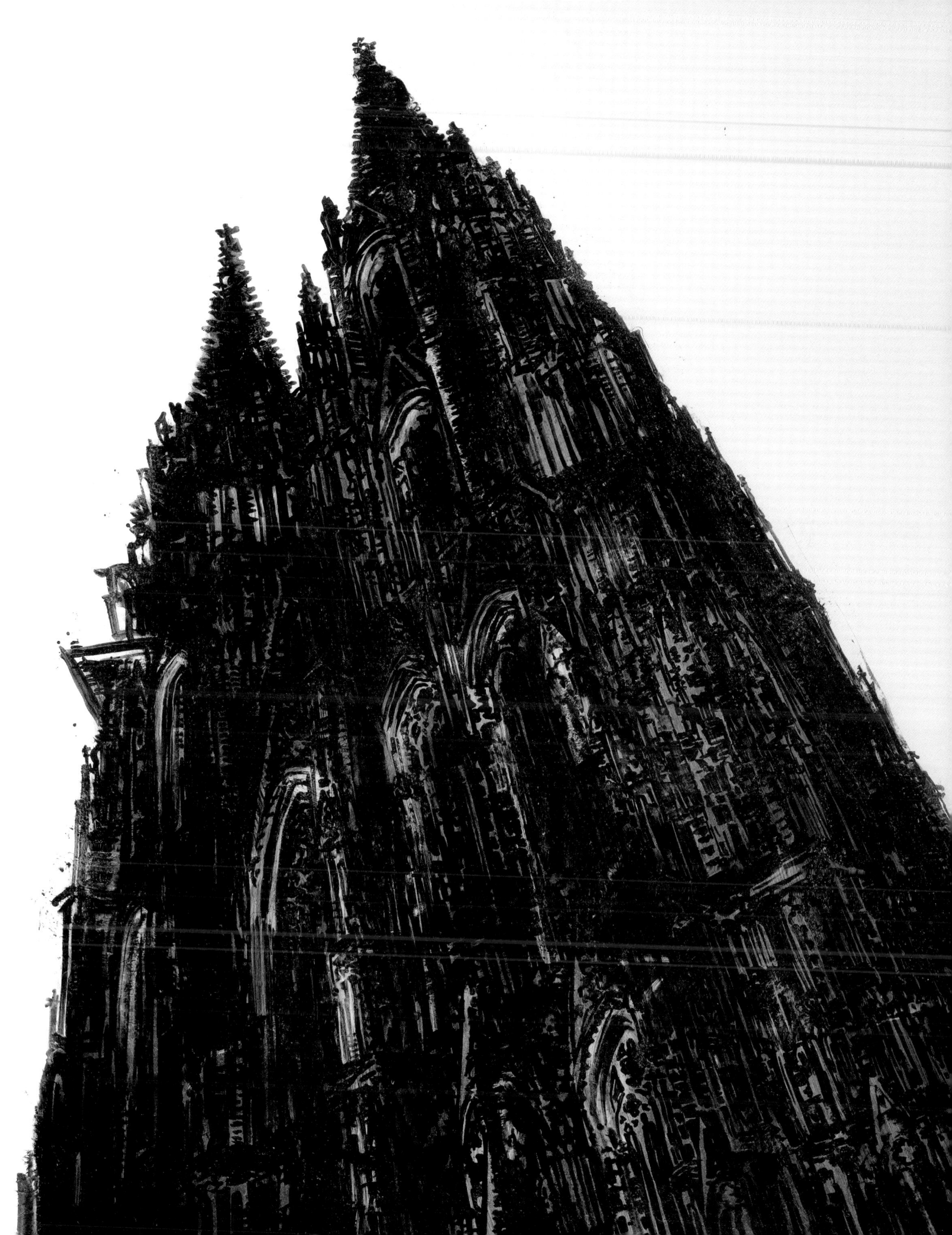

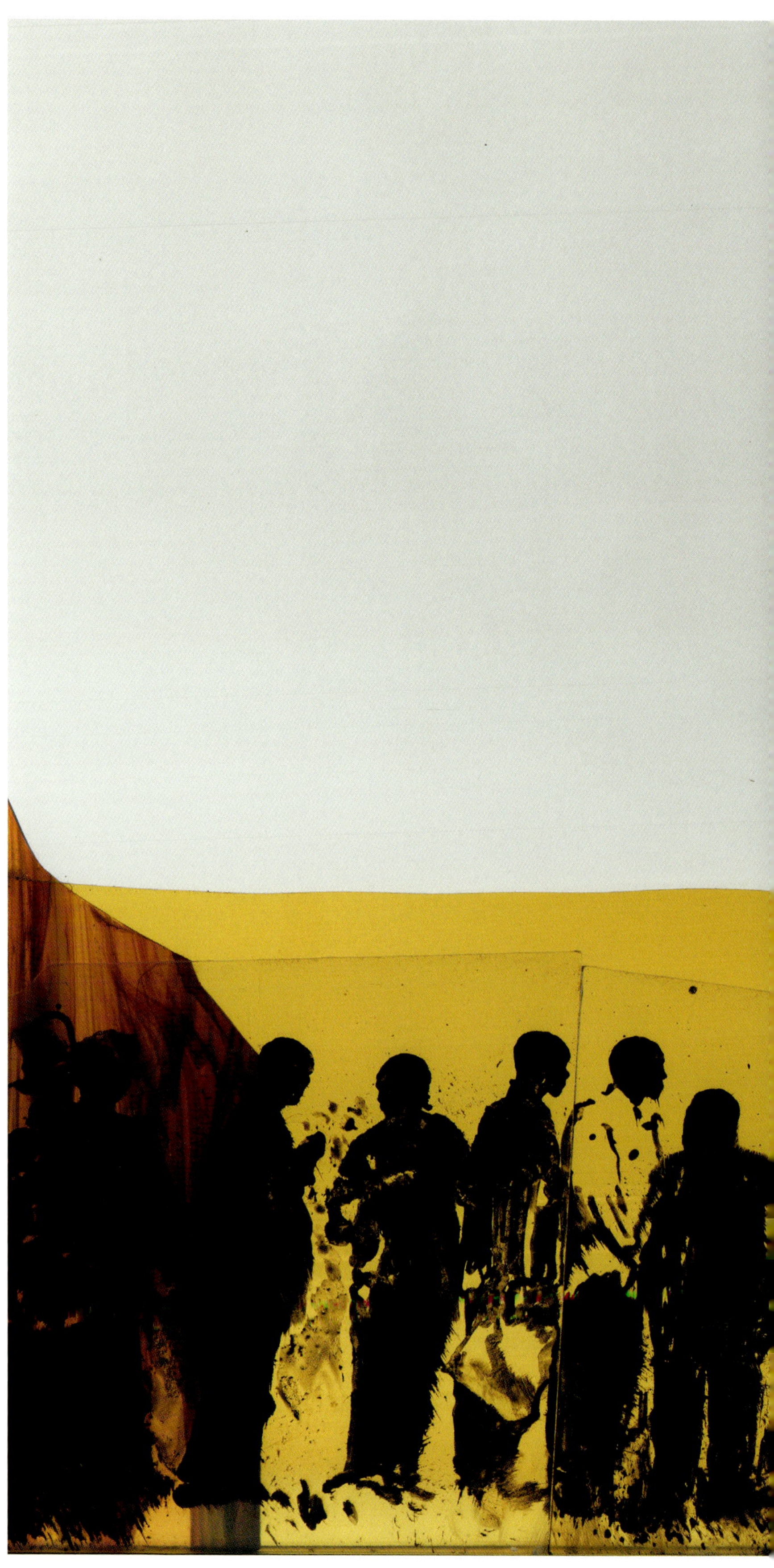

Congo
2018, painted glass, collage
50 x 82 cm

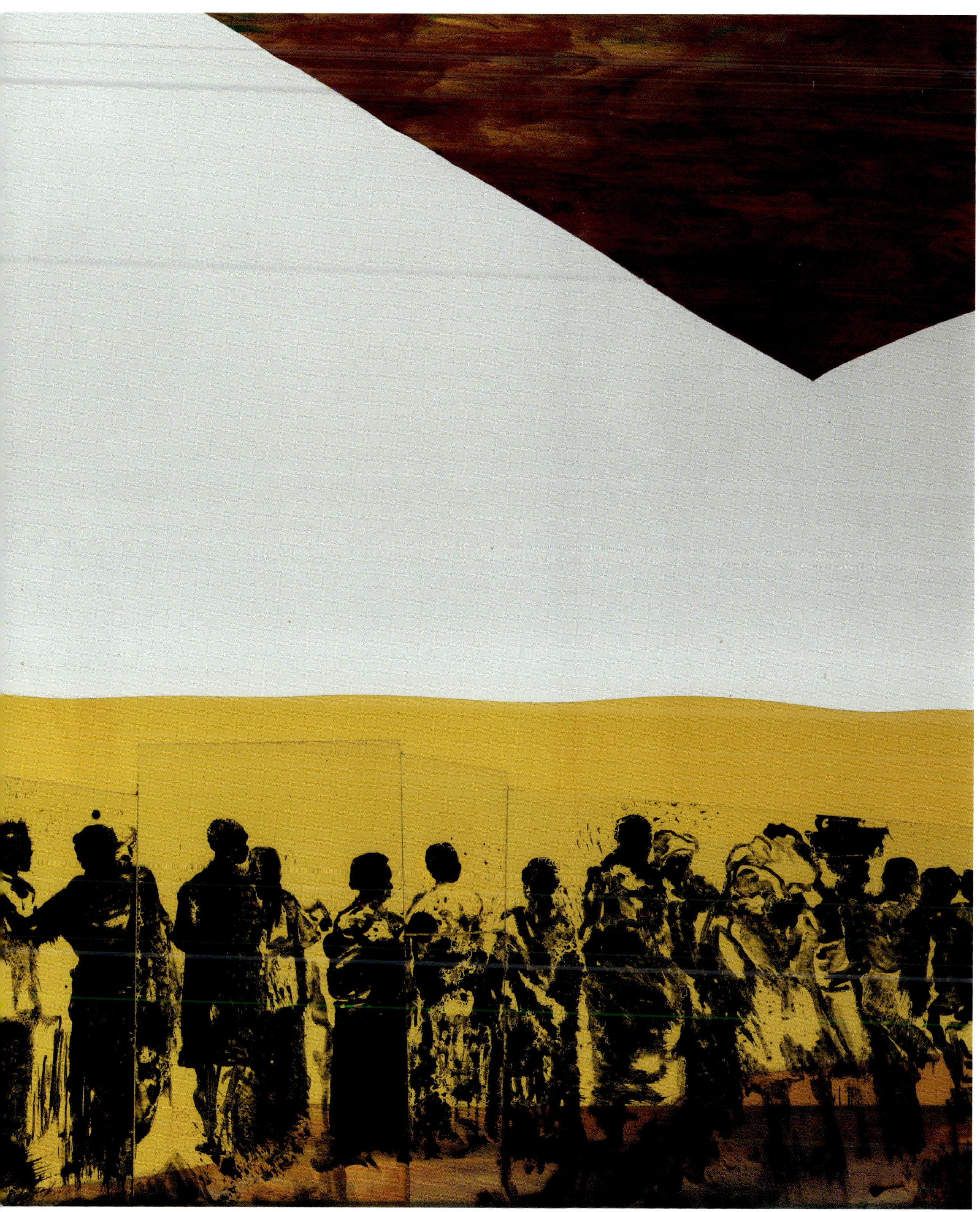

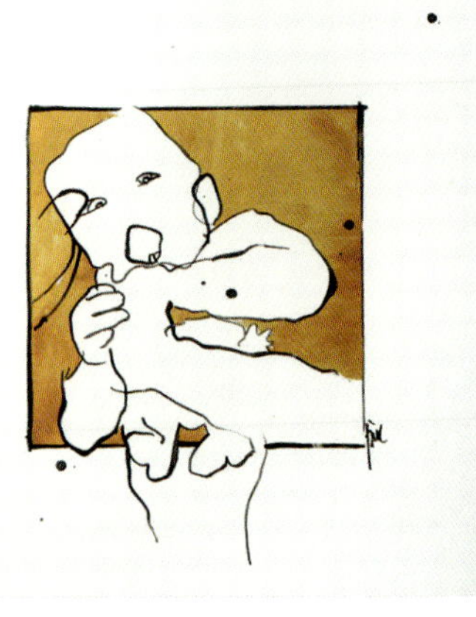
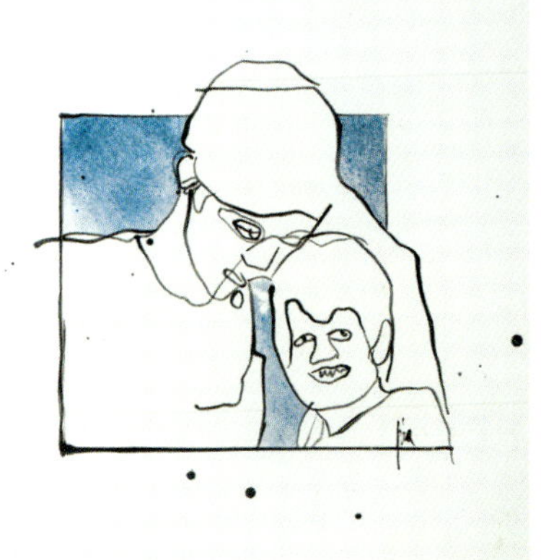
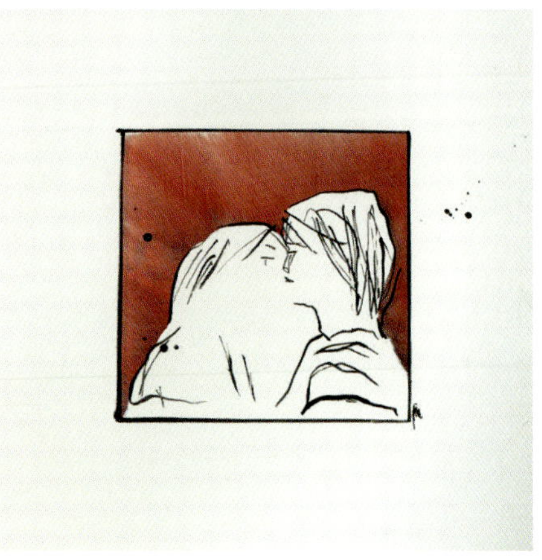
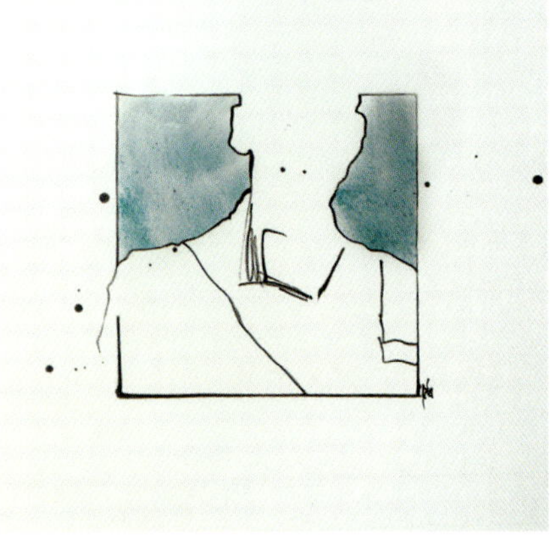
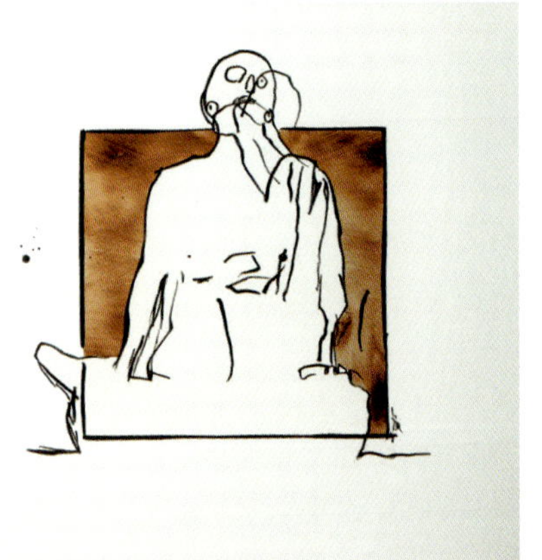
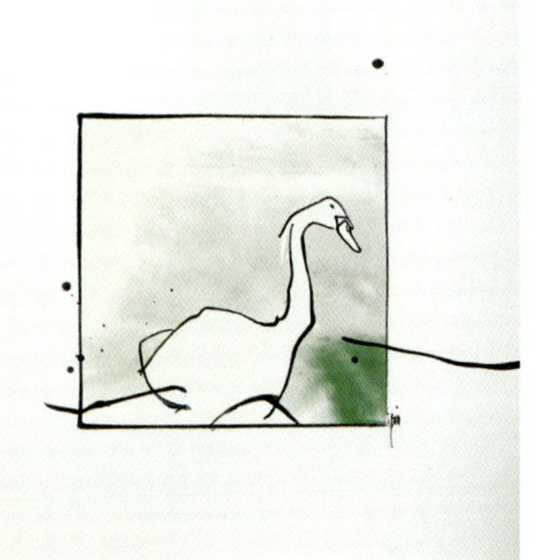
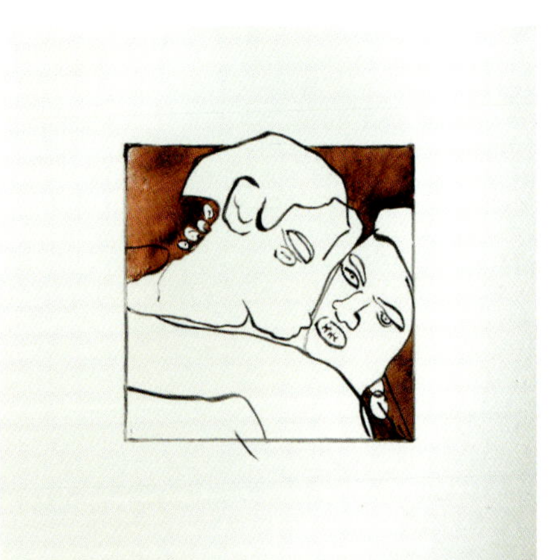
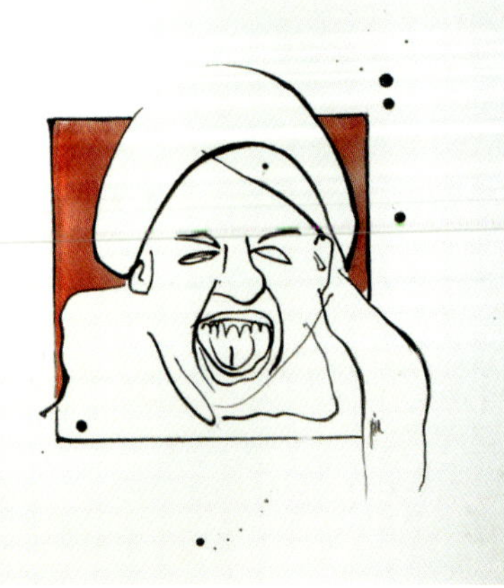
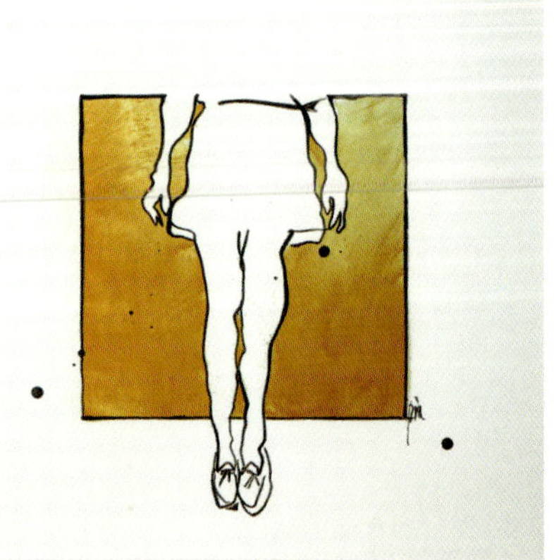

Untitled
2018, enamel on leavened glass
60 x 40 x 40 cm

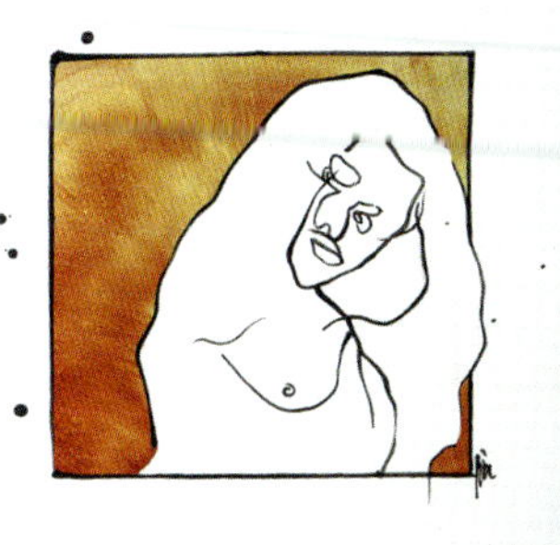
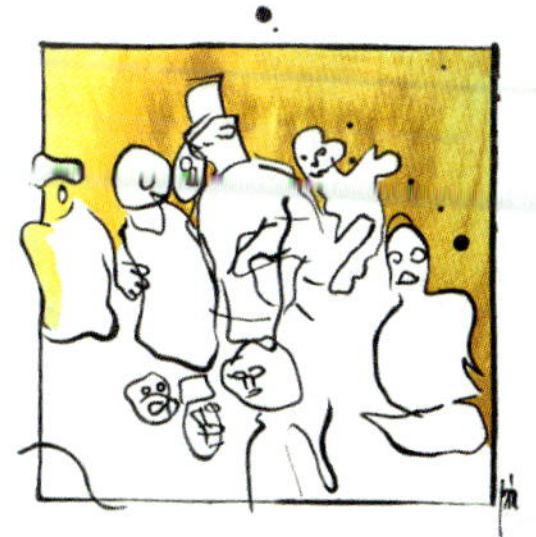
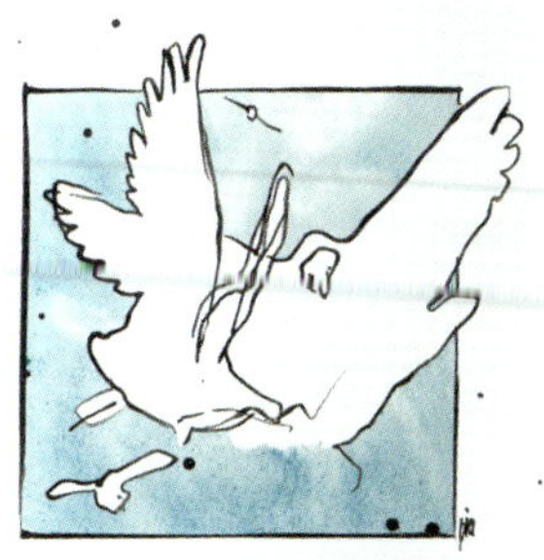
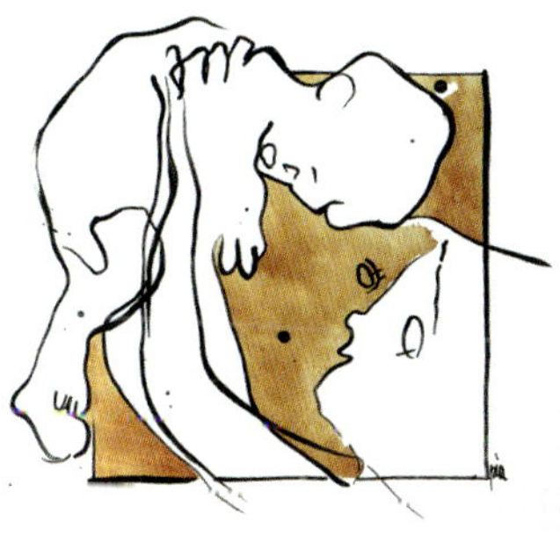
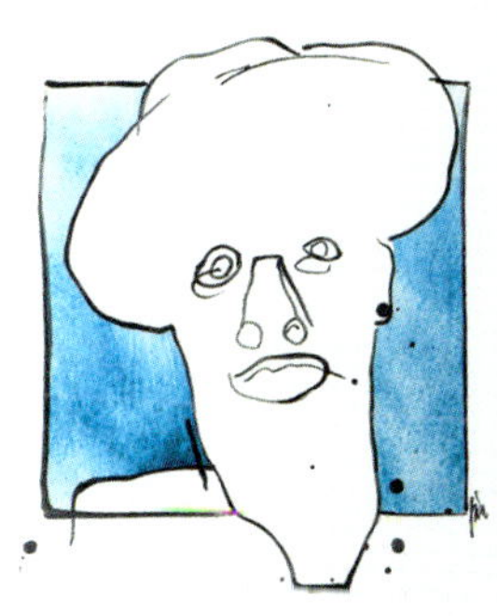
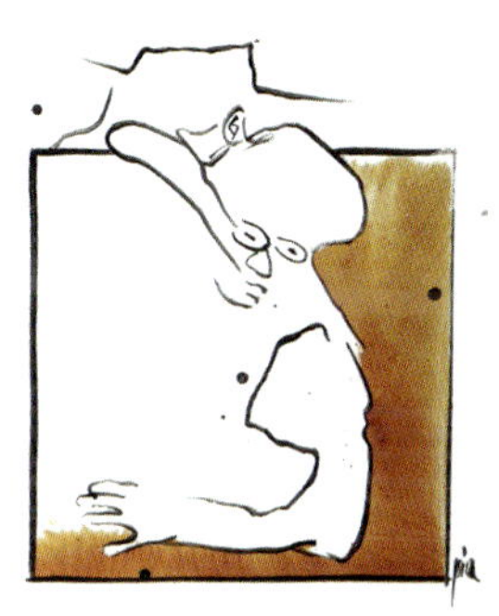
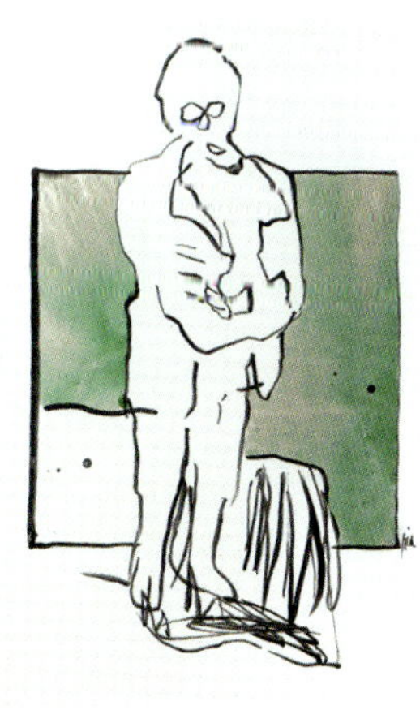
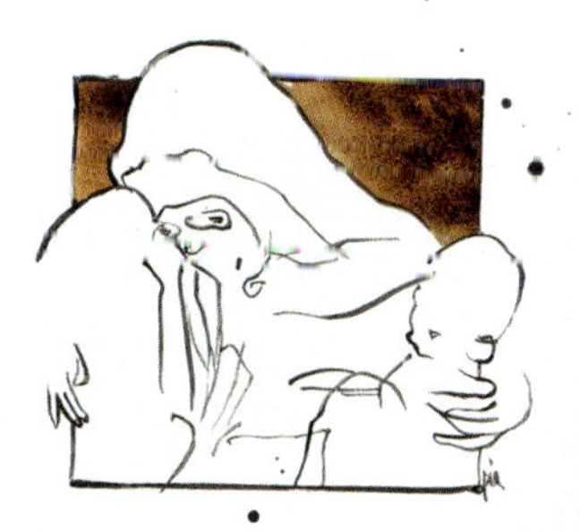
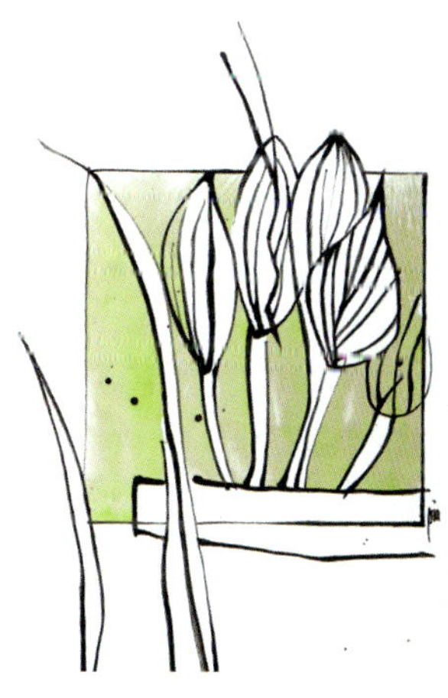

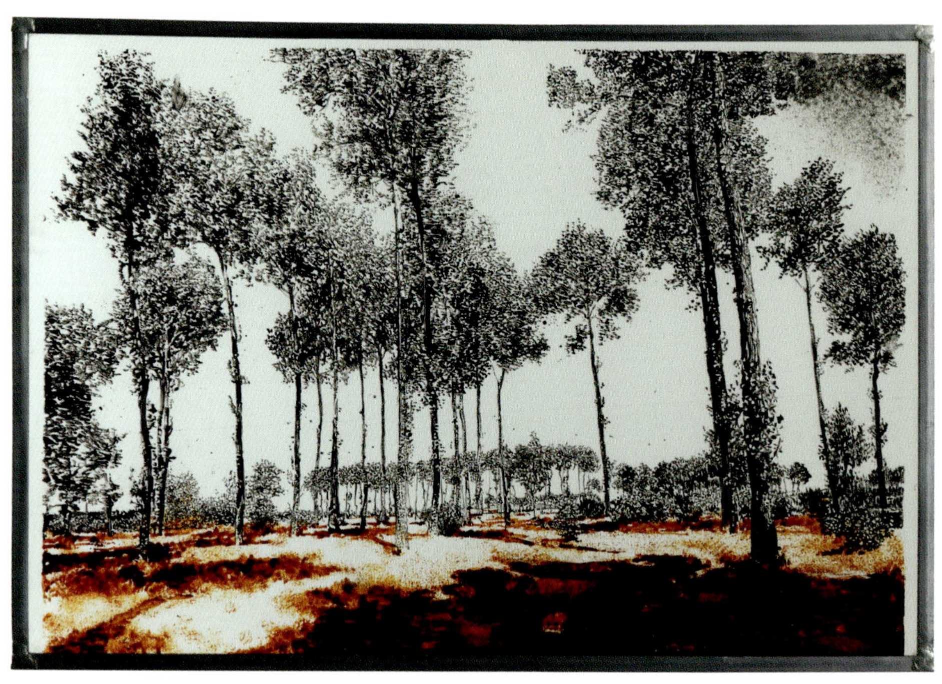

Bloedgrond
2015, painted glass
40 x 58 cm

Project celebrating 50 years Oranje vzw (NPO)
2017, enamel on leavened glass
25 x 40 x 80 cm

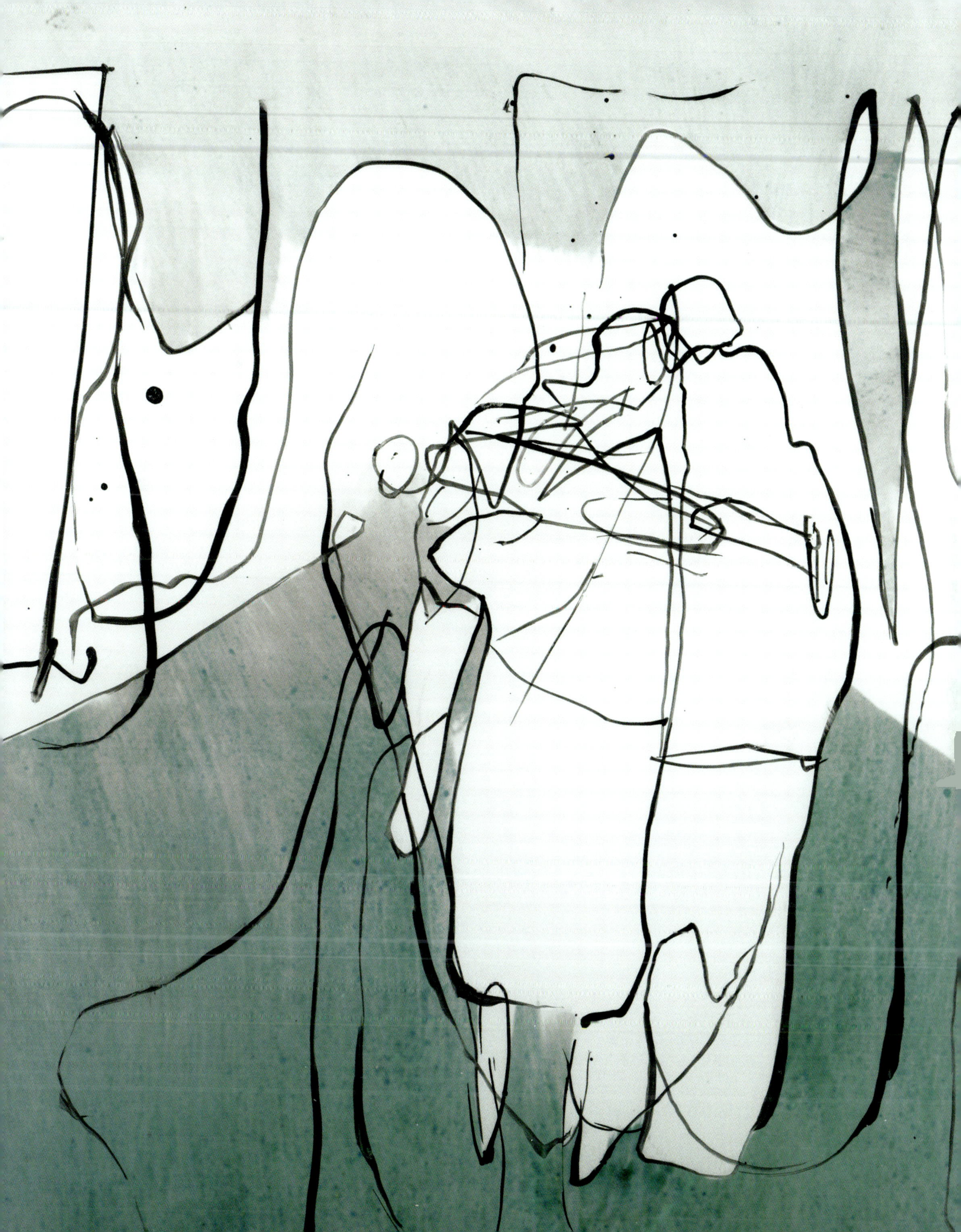

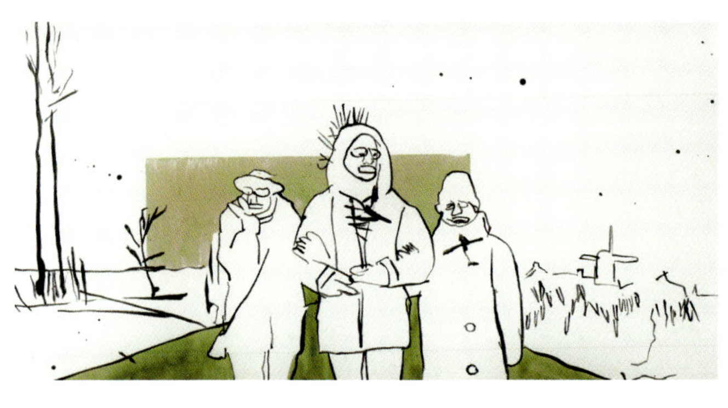
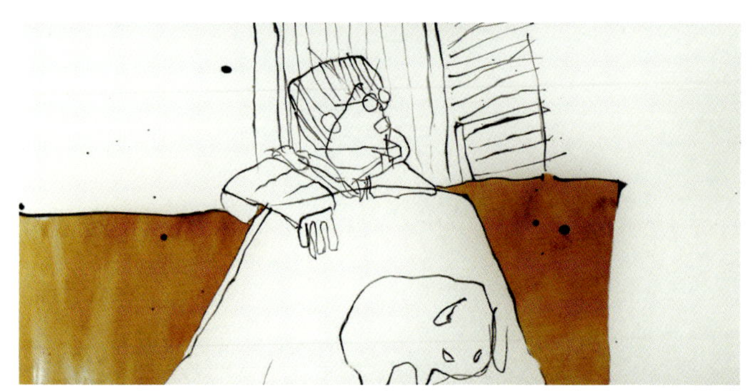
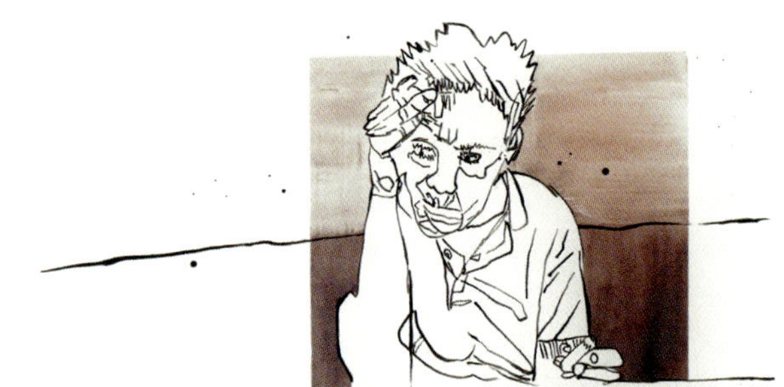
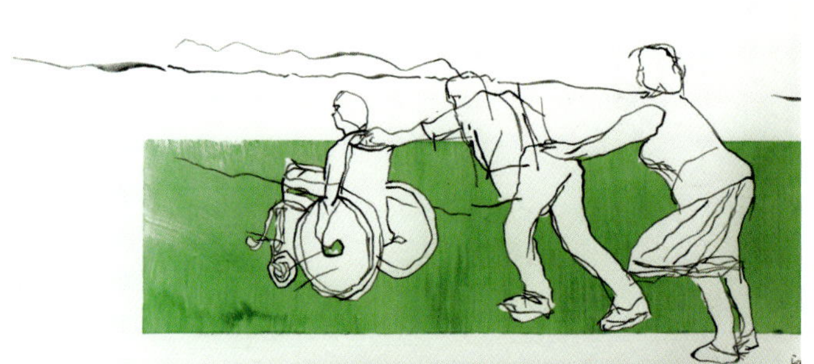
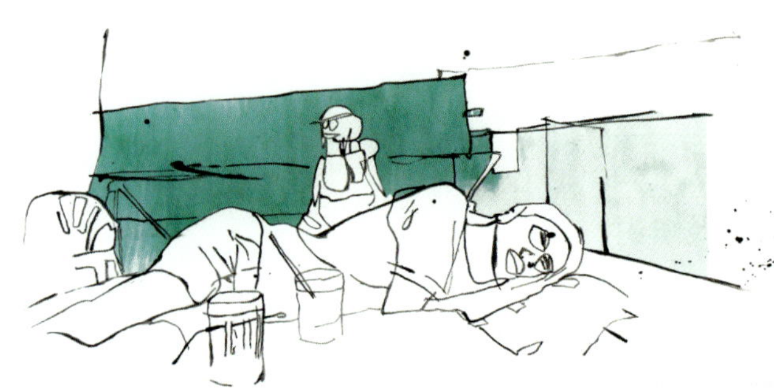
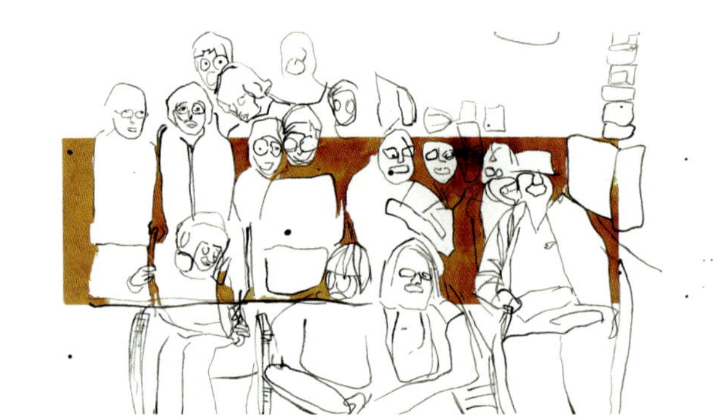
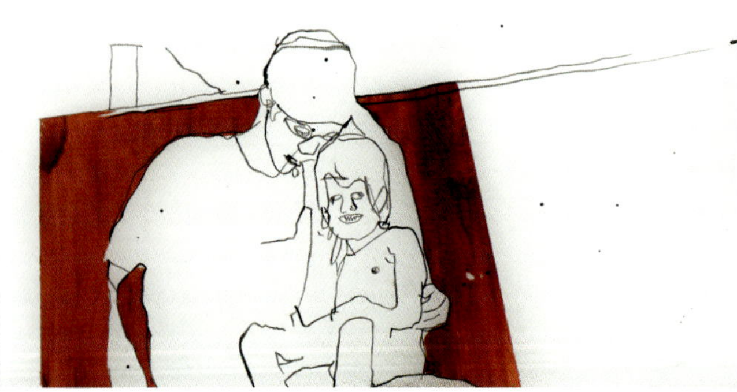
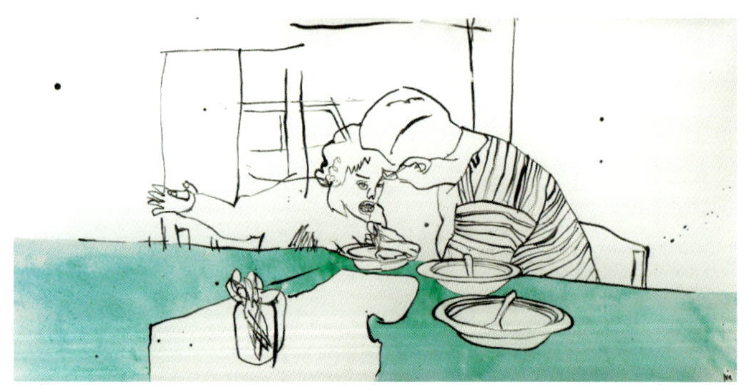
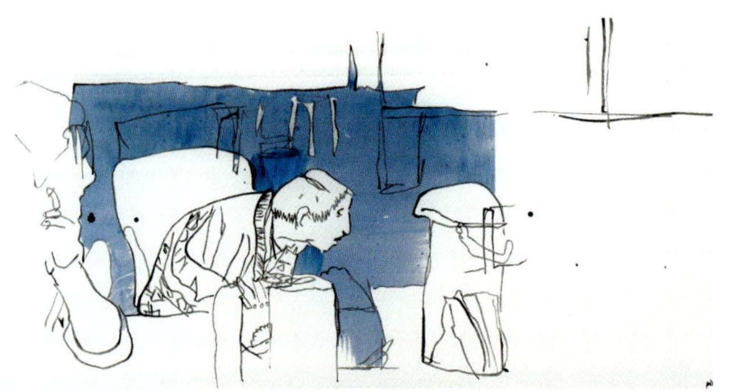
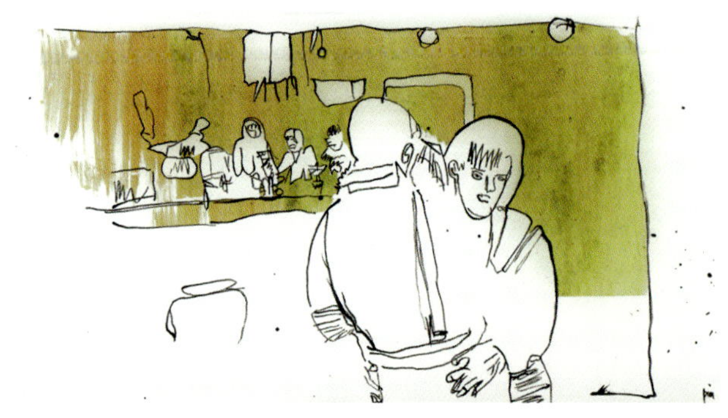

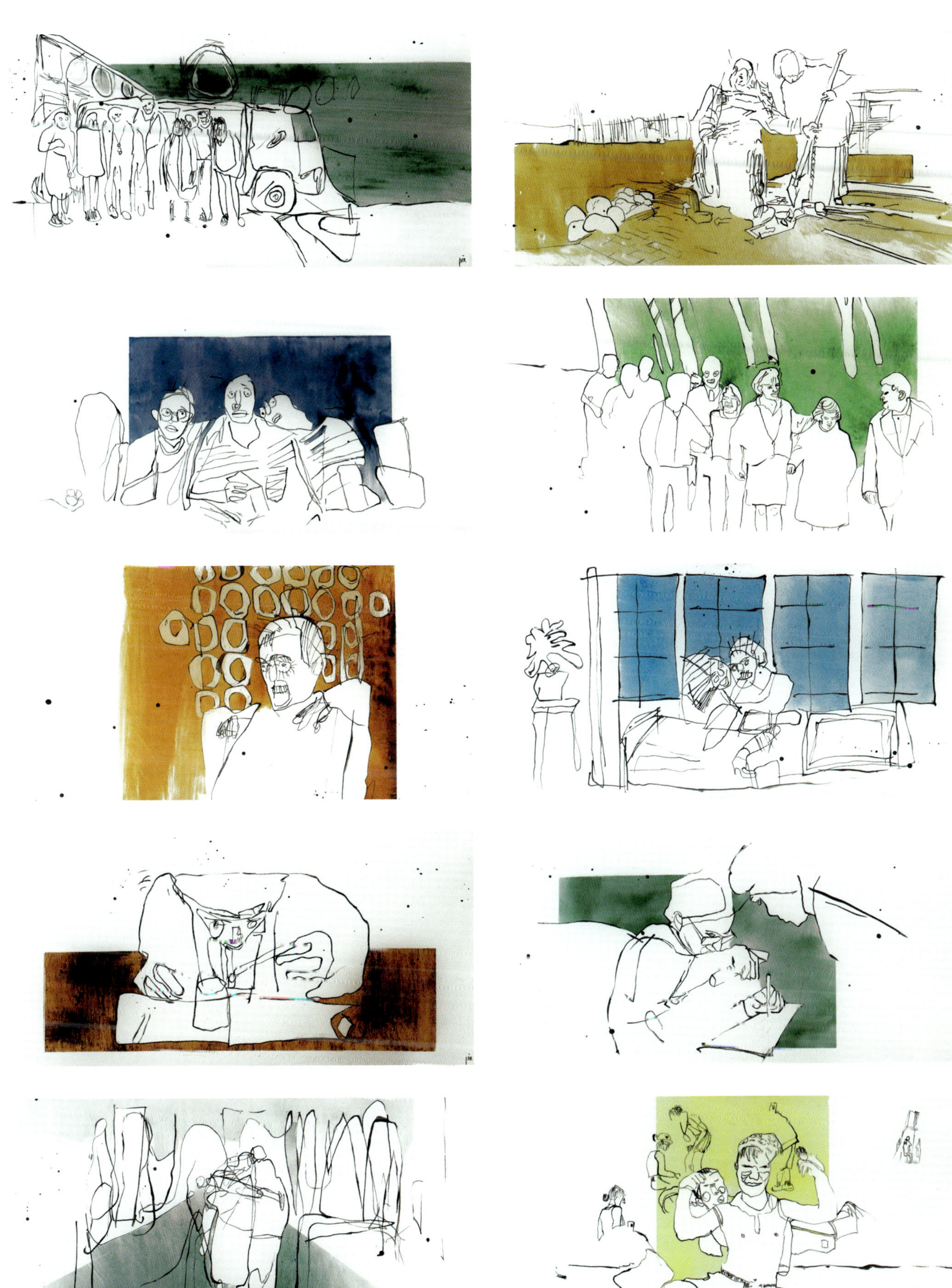

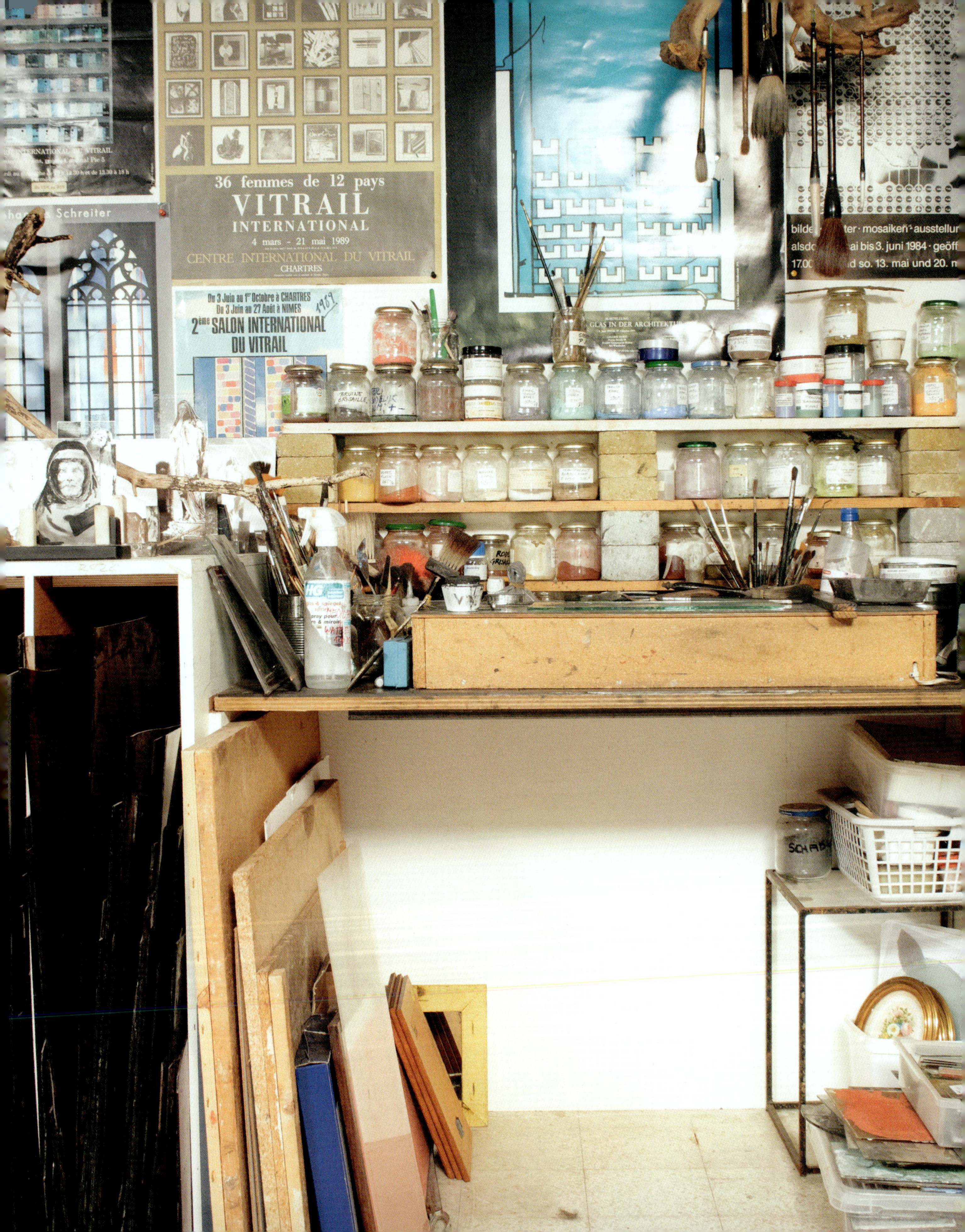
36 femmes de 12 pays
VITRAIL
INTERNATIONAL
4 mars - 21 mai 1989
CENTRE INTERNATIONAL DU VITRAIL
CHARTRES
Du 3 Juin au 1er Octobre à CHARTRES
Du 3 Juin au 27 Août à NIMES
2ème SALON INTERNATIONAL
DU VITRAIL
GLAS IN DER ARCHITEKTUR
Schreiter

Het atelier

Vanochtend heb ik het atelier voor mij alleen. Het verwart. De stilte komt me goed uit. Vanuit een sofa in de hoek overzie ik het onnoemlijke veel dat de kunstenares met de tijd rondom zich heeft verzameld, al wat haar fascineerde, vormelijk of inhoudelijk. Ik bevind me in die onnavolgbare verzameling waarin alles met de jaren zijn plaats heeft opgeëist. Ik staar voor me uit. Hoe krijgt mijn verwarde hoofd hier enige structuur in? En toch...

Verwondering

Alle muren van het atelier zijn tot ongeveer op anderhalve meter hoogte met kasten bezet. Erboven geven vooral affiches kleur. Ze vertellen over glas. Over unieke momenten. Over evenementen en plaatsen. Voorts strakke rijen glasrekken. Ook scherven. Restanten mondgeblazen glas zijn te duur(zaam) om weg te gooien. Ergens een immense ladekast. Plakkaatjes met de naam van een kleur erop. Alleen Burrick vindt hier haar weg. Een atelier onthult. Ik was eerder op bezoek bij schilders van wie het atelier er keuriger bij ligt dan hun woonkamer. Er zijn er andere waar je beter niet met schone kleren op bezoek gaat. Dit atelier in Fort Zevenbergen vertelt over de vele facetten van haar kunnen, haar adembenemende artistieke actieradius, haar 'zijn'.

Haar werkplek verraadt een hectische, weifelende geest die moeite heeft met 'kiezen'. Vraag haar niet om tabula rasa te maken. Ze houdt van zo veel dingen tegelijk. Haar ongebreideld enthousiasme zorgt er bovendien voor dat ze met regelmaat (te?) veel ineens wil aanpakken. Misschien remt dit haar nog het meest in haar hunker naar de wereld van de actuele beeldende kunst waarin ze mijns inziens terecht een stek ambieert.

Ik kijk hier met de ogen van iemand die de grootste bewondering heeft gehad voor zijn eigen schoonvader-zaliger, ebenist pur sang, én als iemand die welhaast dagelijks met de nieuwste vormen van beeldende kunst in aanraking komt. Wanneer beide dingen elkaar raken/vinden, maakt bewondering zich van mij meester.

Tramsporen Amsterdam

Rechts van me herfst het volop in een rommelig tuintje, waarin ik pas later in het onaangeroerde gras een rist oude dakvensters zal ontdekken. Hoe 'bescheiden' we vroeger naar onze veel minder belaagde luchten keken! Alleen je hoofd kon – soms met moeite – door het raampje. Sinds tijden halen zogenaamde veluxen het buitenlicht ongegeneerd binnen. Burrick heeft oog voor deze vergeten dingen. Zolderraampjes. Ze doet er iets mee. Ze herinneren me aan een groepstentoonstelling waarop ze ooit met een hele reeks van die oude ramen had uitgepakt. Nog later zag ik ze als decorum voor modieuze brillen bij de vermaarde Brugse opticien Patrick Hoet, die de passant altijd met bijzondere etalages weet te lokken. Burrick houdt ervan buiten de gekende paden te treden. Later zal ze me uitleggen dat in het glas in een van de dakraampjes braille is verwerkt. Dat het werk 'LICHT' heet en een installatie is waarin ze het begrip licht op een symbolische wijze duidt

Ik kijk in de talloze dikke mappen waarin prachtige foto's zitten van Burrick-realisaties. We hadden die de vorige keer samen doorgenomen. Niet het vele is goed, maar het goede is veel!

In de meeste gevallen gaat het bij Burrick om creaties in opdracht. Voor iedere opdracht maakt de kunstenares diverse ontwerpen. Zij heeft een speelse manier van tekenen die de strenge vormgeving van glas-in-lood finaal tegengaat, met een grote liefde voor organische lijnen en/of geometrie, én de kracht van de leegte, het uitpuren van verhoudingen. Het zijn werken die de kunstenares heeft bedacht en in samenspraak met bouwheren en architecten heeft gerealiseerd. Pia Burrick heeft in de loop der jaren een eigen stijl ontwikkeld, die het midden houdt tussen het hoekige van de art-deco en het meer speelse, vloeiende van de art-nouveau. In Brugge passeer je geen straat waar niet een enkele 'Burrick' hangt. Spielerei. Spiegelrei? Ik weet het niet. Sterk.

Achter de fauteuil hangt steeds mijn favoriete werk tegen de muur: een vierluik. Geen kleur. Zwart en wit. In de verte nog net sporen van mensenbenen. Zie ik nu pas. Hier speelt Burrick een heerlijk spel met zebrapaden en tramsporen. In dit werk is ze tot een unieke synthese en symbiose gekomen. Hier balanceert ze heerlijk meesterlijk tussen abstract en figuratief. Nee, nooit zag ik Amsterdam op deze manier. Topwerk. Zoals de meeste kunstenaars vandaag maakt Burrick veel foto's.

Rond het schuifraam dat toegang geeft tot het tuintje hangen kattenbelletjes, zinnetjes van oud-leerlingen en kinderen die bij haar in de klas hebben gezeten, door haar enthousiasme werden aangestoken. Met regelmaat kreeg ook een zegswijze zijn plaats aan de wand. De veelvraat heeft af en toe een geheugensteuntje nodig: 'Perfectie heeft één nadeel: het is zo saai!'

'Park Burrick'

Ik passeer de ladekast en een meute gipsen honden die ze op rommelmarkten moet hebben gekocht. Ik waan me even op het Brusselse Vossenplein. Ik blijf mijmeren bij een sacrale plek. Alsof ik schuifelend langs de wandkasten plots tot stilte word gemaand. Ik ben in een park aangeland met niets dan... grafzerken. Ontvallen geliefden zitten geprangd tussen sierlijke marmeren elementen. Schilderend op glas heeft ze ze vereeuwigd. Ontroerend. Midden het kleine park troont een bladerloze tak. Zijn troostende tentakels beschermen de portretten. 'Tristesse'.

De tijd lijkt even stil te staan. Ook de portretten van haar overleden vader en schoonvader heeft ze op glas geschilderd. Dat van haar schoonvader zag ik in het bureau van haar man. Ik voel enige verwantschap: in mijn werkkamer kijk ik uit op een grote foto van mijn vader. Hij is aan het werk. Literator Fernand Bonneure daarentegen staart in de verte. Hoewel je zijn ogen niet ziet, voel je zijn scherpe, doordringende blik. Hij overschouwt. Ook Pia's vader is in mijn buurt. Hij denkt en droomt. Droomt weg. Mooi. Burrick tekent aanstekelijk. Deze koppen raken je ziel.

'Ik ben een tekenaar'

'Glas', zegt ze, 'is een eigenzinnige materie. Vanwege het moleculair gedrag. Het is de basis van al mijn creaties. Het is met de jaren vanzelfsprekend geworden. Zelf manipuleer ik het glas niet. Ik stel me nederig op. De materie zélf, glas, is baas! Ik heb uiteraard veel voeling, maar ga de materie geen geweld aandoen.'

Weer rijd ik naar Fort Zevenbergen. Ik zou de kunstenares vragen stellen over woorden, zinnen, ideeën die ze zich bij eerdere ontmoetingen eerder argeloos of te snel had laten ontvallen en die toch stand hadden gehouden in een nauwelijks te stuiten vloed aan informatie en haar drang om alles te tonen, om deels weifelend te overtuigen, om plannen eindelijk tot uitvoering te brengen, om dromen waar te maken. Ook de stille momenten hadden vragen gegenereerd.

Wat betekent bijvoorbeeld de kracht van leegte voor iemand die zich door van alles en nog wat laat omringen? Voor iemand die soms wordt overweldigd door een overdaad aan indrukken? Vindt Burrick echt dat alle schoonheid te maken heeft met verhoudingen? Kan iets wat niet af is een goed kunstwerk zijn? Wanneer is iets af? Louter technisch dan misschien wel, maar inhoudelijk?

Ik hoef niet op al mijn vragen een antwoord. Ik zoek verwondering!

Terwijl ik er fluitend heen rijd – ik moet er het hoofd bij houden, maar een bezoek aan een kunstenaarsatelier stemt me altijd vrolijk – denk ik aan een aantal kunstwerken van de wereldvermaarde Thomas Schütte. Meer bepaald aan de soorten gedeukte en opzettelijk misvormde grote kasseien die hij deel liet uitmaken van zijn tentoonstelling in het Antwerpse Beeldenpark 'Middelheim'. Ik denk meteen aan Burricks geringe bewondering voor al die door kunstenaars of ambachtslieden geblazen creaties 'warm glas'. Meer dan eens liet ze me boeken zien met dit soort verzamelde (top)werken. Ik moet haar bijtreden. Het gros van wat erin staat afgebeeld is inderdaad technisch indrukwekkend, 'Kijk eens wat ik kan!', dat wel. Maar de vorm is vaak ondergeschikt aan de techniek. Gaat het om kunde of om kunst? Wordt het toeval buitensporig geprezen?

Ik ben klaar met mijn vragen, maar Burrick neemt me – zoals altijd – op sleeptouw. Opnieuw vertelt ze honderduit. Haar verwondering is immer aanstekelijk. Ik onderbreek haar dus niet. Over hoe muziek, de radio of de stilte haar kunnen inspireren terwijl ze werkt. De tekeningen van kinderen met een beperking, van dementerende mensen, van bejaarden. Het maakt weinig uit. Ze werkt het liefst met eenvoud die spontaan zijn weg naar het papier heeft gevonden.

Gormley

Ze toont me haar meest recente werk, vertrekkend van een creatie van Anthony Gormley: een verpauperde gastank met boven, op de rand balancerend, een menselijk wezen. Een van de zelfportretten van Gormley die wereldwijd op de meest onverwachte locaties verschijnen.

Pia maakte de foto in Bordeaux. We gaan even dieper op de creatie in. Het is een collage. Over de kleinheid van de mens, ondanks de 'grootsheid' van zijn brein. Het is een sterk en monumentaal kunstwerk waarin ze zeer ver gaat in het spelen met verhoudingen, met perspectief. Het glas doet de rest. Ze spreekt over 'gezuurd' glas, over glas verlijmen en over de techniek die ze toepaste om dit effect te bekomen. Na jaren voelt ze perfect aan wanneer en waarvoor ze welk glas moet gebruiken. Ze beschikt over een grote waardevolle, wellicht zeldzame collectie. Er is nogal wat bijeen gegaard uit ter ziele gegane glasateliers. 'Na mij stopt het verhaal, vrees ik', zegt ze.

Even heb ik wél oog voor allerhande potjes en glasrestanten in het atelier. Ik heb het altijd gedacht: toch een beetje alchemiste ook, deze Burrick. Ze hoeft me niet alle details toe te vertrouwen. Voor mij telt het resultaat. Verwondering, ik zei het al. Het werk meet ongeveer een meter bij 50 cm, maar is monumentaal.

Wanneer alles samenvalt

Om haar technisch kunnen te demonstreren, doet ze voor mijn ogen een en ander met glas. Ik krijg een beetje les. Pia geeft ook les. Ze doceert al 28 jaar lang op de Afdeling Glasschilderkunst van de Stedelijke Academie Brugge. Het is er haar in de eerste plaats om te doen haar leerlingen technische kennis bij te brengen, maar ook om hen via technieken hun artistieke verhaal te leren ontdekken. Koude en warme glastechnieken, lood, collage, brandschilderen, fusen en slumpen, ovenwerk... Om een geschilderd verhaal voor eeuwig met het glas te verzoenen. 'Glas is heel eigenzinnig en daar moet je als kunstenaar rekening mee houden. Je moet als technieker je plaats kennen. Het is een continue uitdaging!'

Eigenlijk was ze pas thuis, toen ik er aan kwam. Door weer en wind en in de vroegte was ze in de binnenstad een oud glasraam gaan herstellen. Eigenlijk zou ze dit soorten opdrachten moeten weigeren. Ze vergen tijd en kracht die ze nodig heeft om te creëren. 'Laat ze hiervoor een glazenier opbellen', zeg ik haar. Helaas is er voor dit oude ambacht geen interesse meer.

Die verhoudingen, dan? Ik haal Raoul De Keyser aan, een van mijn favorieten. Een man die met verf zo weinig deed en toch sta je naar zijn doeken en doekjes te staren, want hoe dan ook lijkt alles 'juist' te zijn. 'Wees maar gerust dat De Keyser wist waar die ene streep moest komen en hoe die eruit moest zien!' zegt Burrick. 'Ah, De Keyser. Ik wil ook vaak zo ontzettend graag naar het bijna niets.'

'Ik zei het al: puur artistiek ben ik de baas, maar het glas is heel eigengereid en daar moet ik rekening mee houden. Ik moet mijn plaats kennen! Net als iemand die in steen kapt. Een fout is onherstelbaar. Voor glas geldt dezelfde onverbiddelijke wet. Ik ben pas echt gelukkig wanneer tal van dingen samenvallen. Als er in mijn hoofd is gefilterd. Als het werk, het licht en de 'mood' in symbiose zijn. Dàt zijn heerlijke momenten.'

Addendum
Ontroering en bevrijding

Met een zeldzame drive en een onblusbaar creatievuur heeft Pia Burrick de laatste maanden talloze werken gerealiseerd. Dat ontroering in het gros van haar vrije werk een centrale plaats inneemt, laat niet de minste twijfel. Schoonheid en soberheid, de kleine dingen des levens, de blik van een dier, de angst van een kind, zorg en onzekerheid... Het zijn slechts een paar thema's die ze in haar oeuvre heeft verwerkt, omdat beelden en gebeurtenissen zo hard bij haar binnenkomen. Haar oeuvre werd almaar scherper en kritischer.

Maar haar aangeboren positivisme liet haar zelden toe het gegeven te dramatiseren. Voor haar zit schoonheid overal. Ook in de ontroering. Toch geraak je als kunstenaar en als mens op de duur als het ware gegijzeld door dit soort 'verhalen'. Het omzetten van ontroering in schoonheid vreet aan je.

Aan de meest recente werken voel ik dan ook dat bij de kunstenares de nood aan een soort bevrijding de kop opsteekt. Zowel qua thema als vormgeving. Van een onschatbare waarde hierbij zijn de tekeningen die ze onder meer krijgt aangereikt door kinderen en mensen met een beperking, met wie ze zo graag werkt. Het pure, de eenvoud en eerlijkheid ervan, de kinderlijke vervorming en de niet in plastische wetten gedrongen weergave van de dingen zorgen ervoor dat wat zij er uiteindelijk van maakt volslagen uniek is.

Burrick treedt in haar laatste reeks werken met regelmaat ook fysiek buiten het kader en ze voegt spaarzaam en met gevoel kleur aan het werk toe. De lijn doet het bijna in zijn eentje. En toch is het subtiel aanwezige andere even onontbeerlijk. De kunstenares denkt dat er groot vrolijk werk staat aan te komen, dat zelfs de abstractie weer om de hoek loert. Maar laat dit materie zijn voor een volgende monografie.

Untitled
1995, stained glass
75 x 70 cm

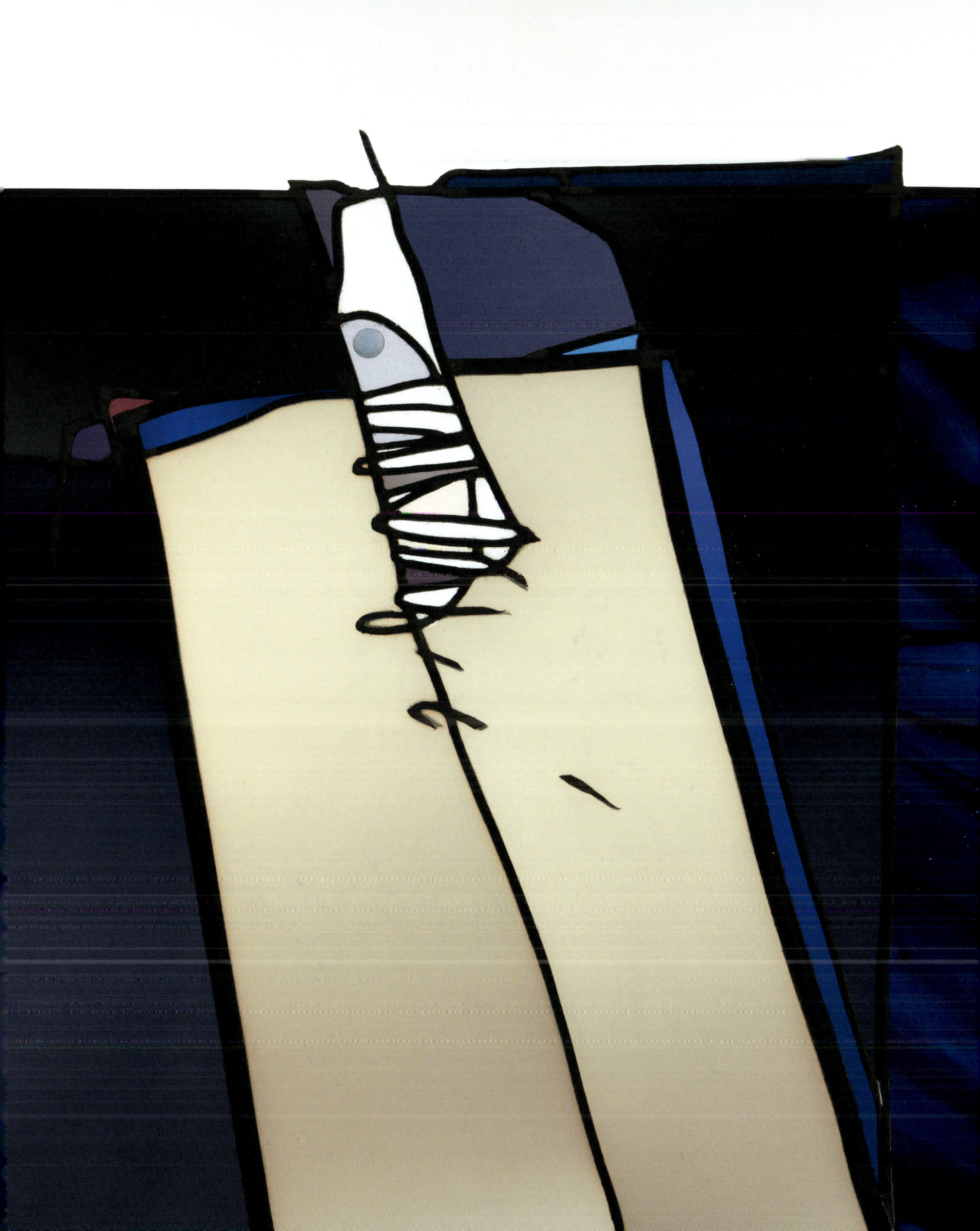

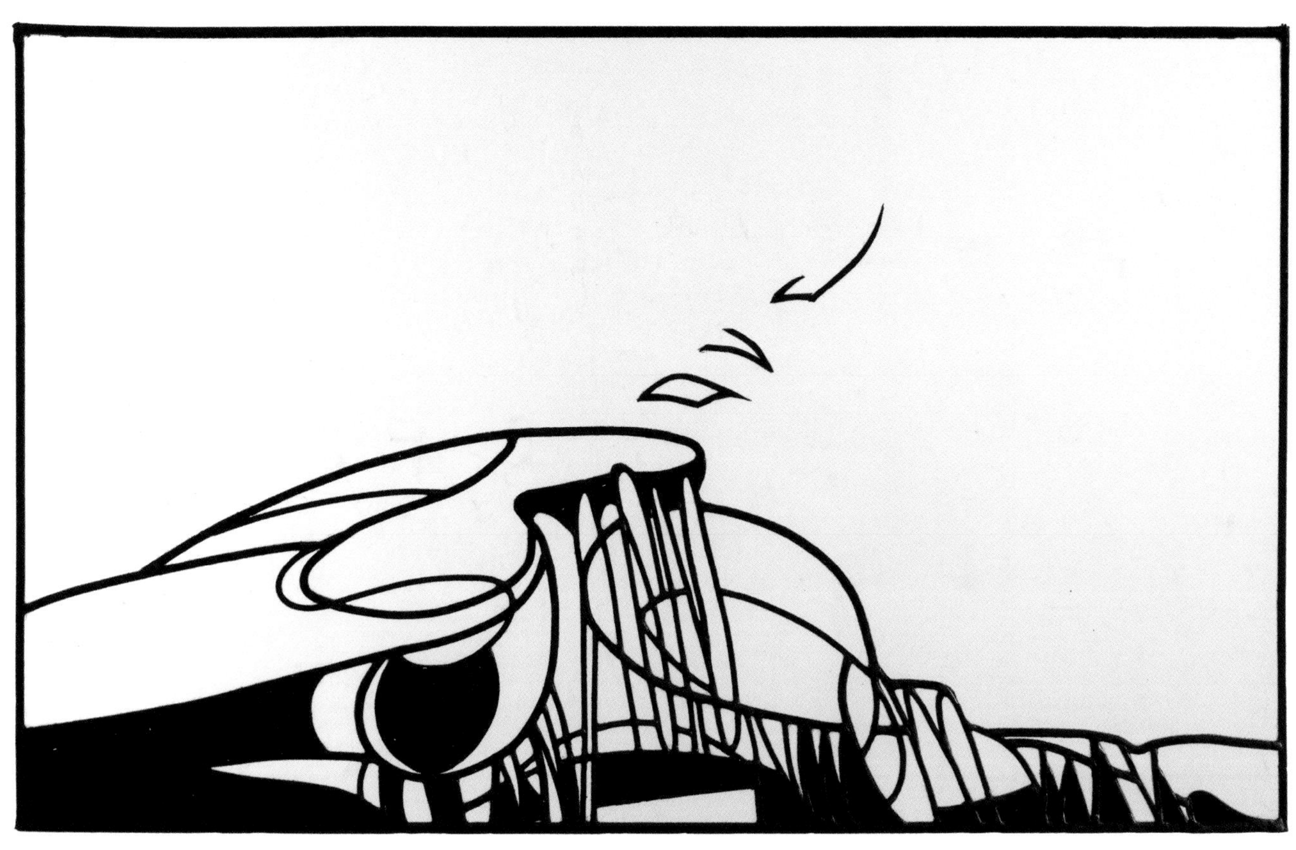

Landschap
1987, stained glass
62 x 49 cm

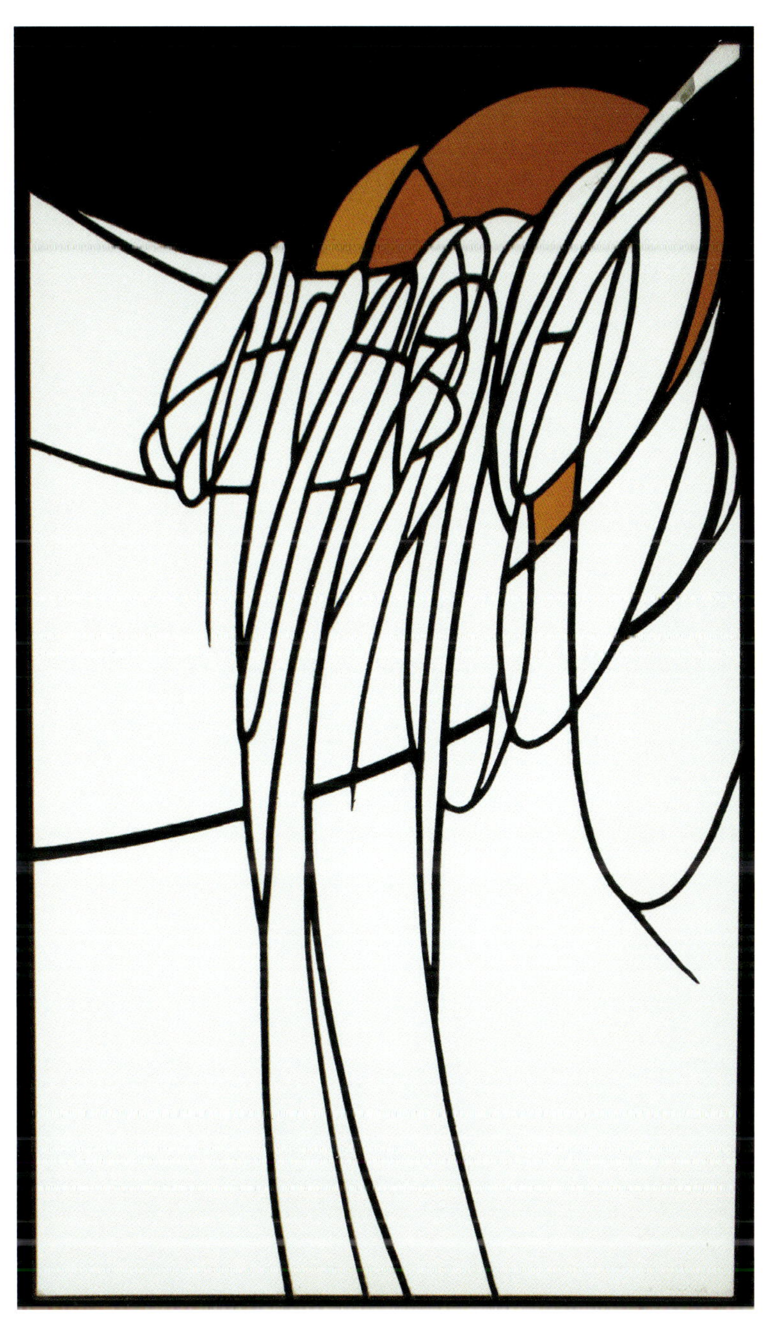

Untitled
2000, stained glass
100 x 55 cm

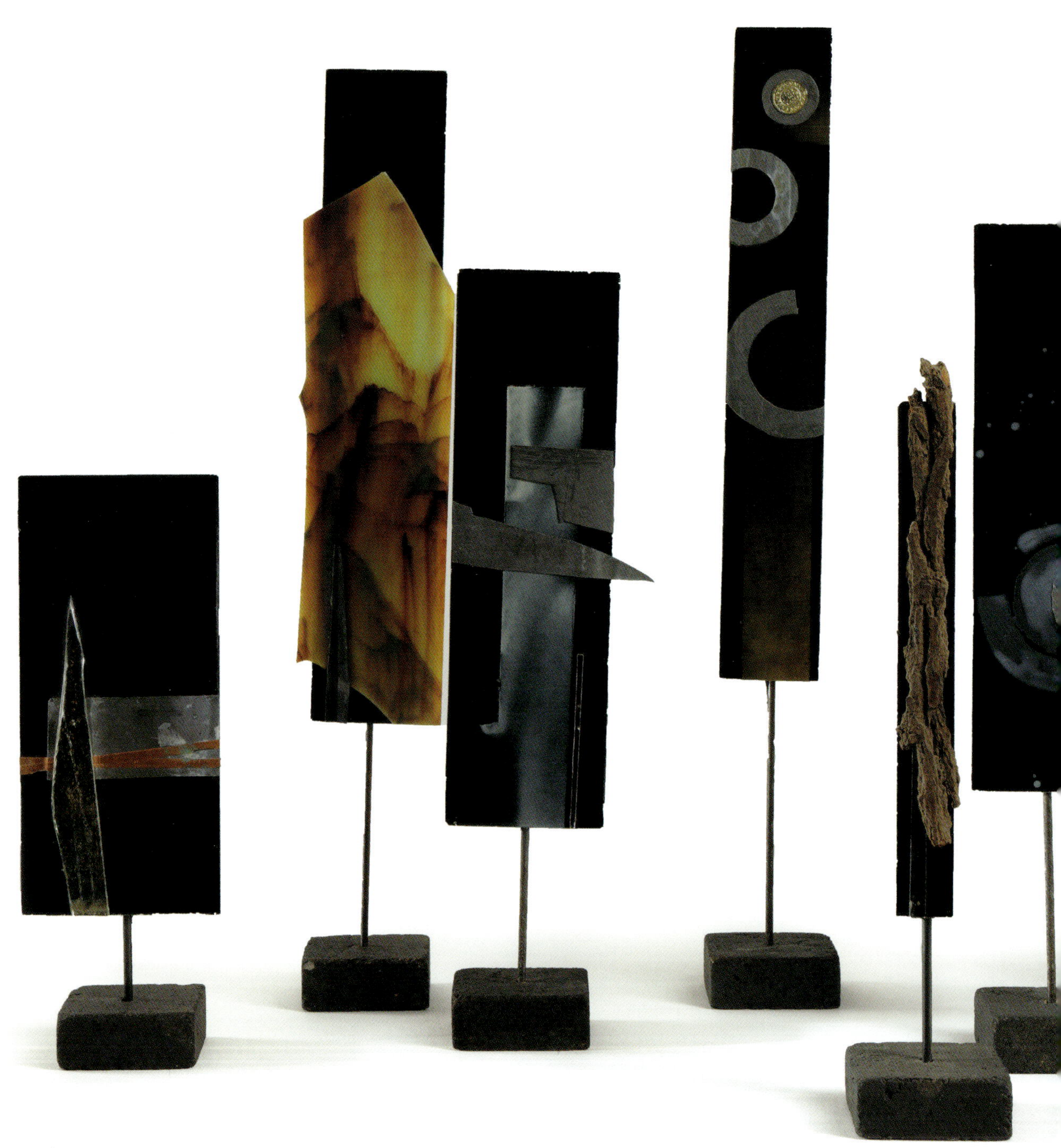

Untitled
2016, different techniques
on black glass, iron, stone
+- 40 cm

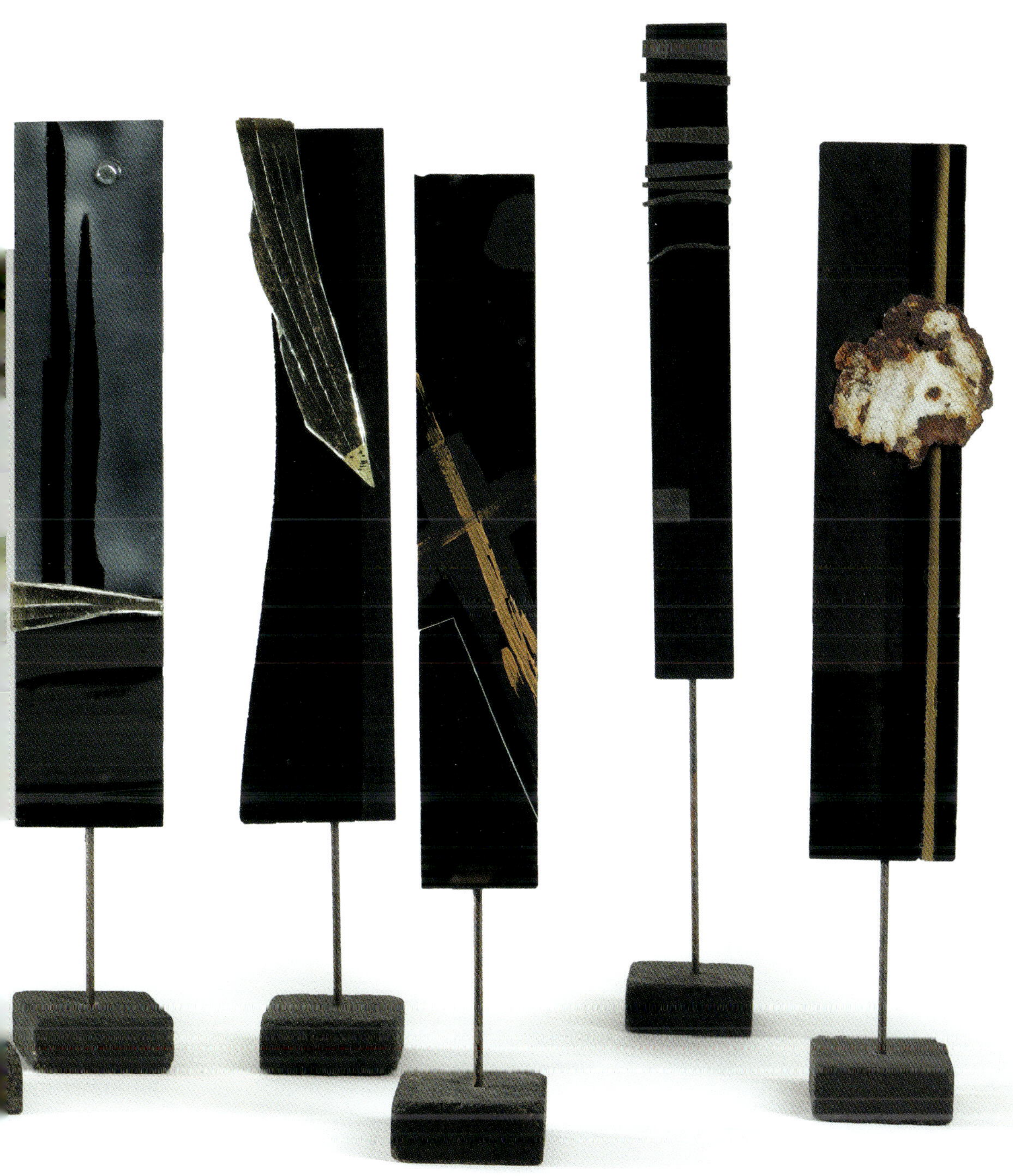

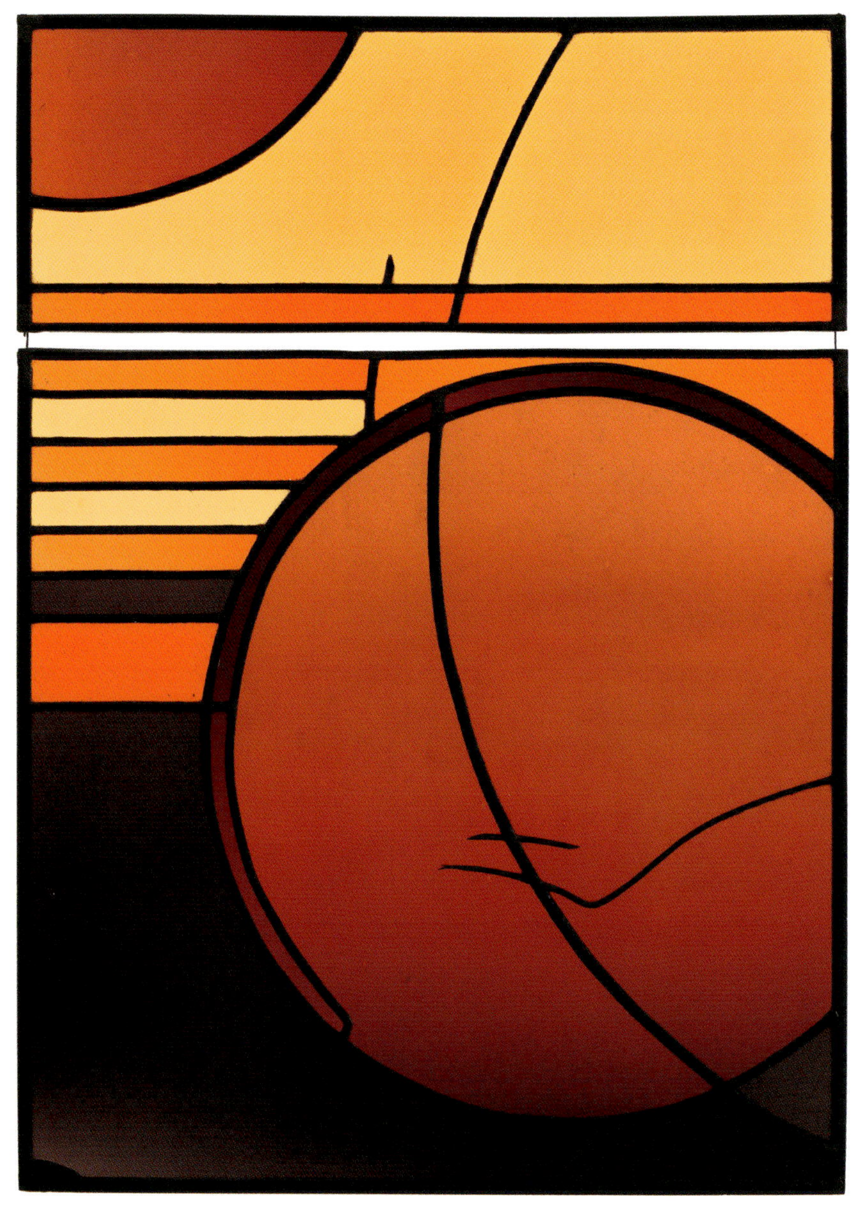

Zon
2002, stained glass
80 x 58 cm

Untitled
1990, collage
75 x 75 cm

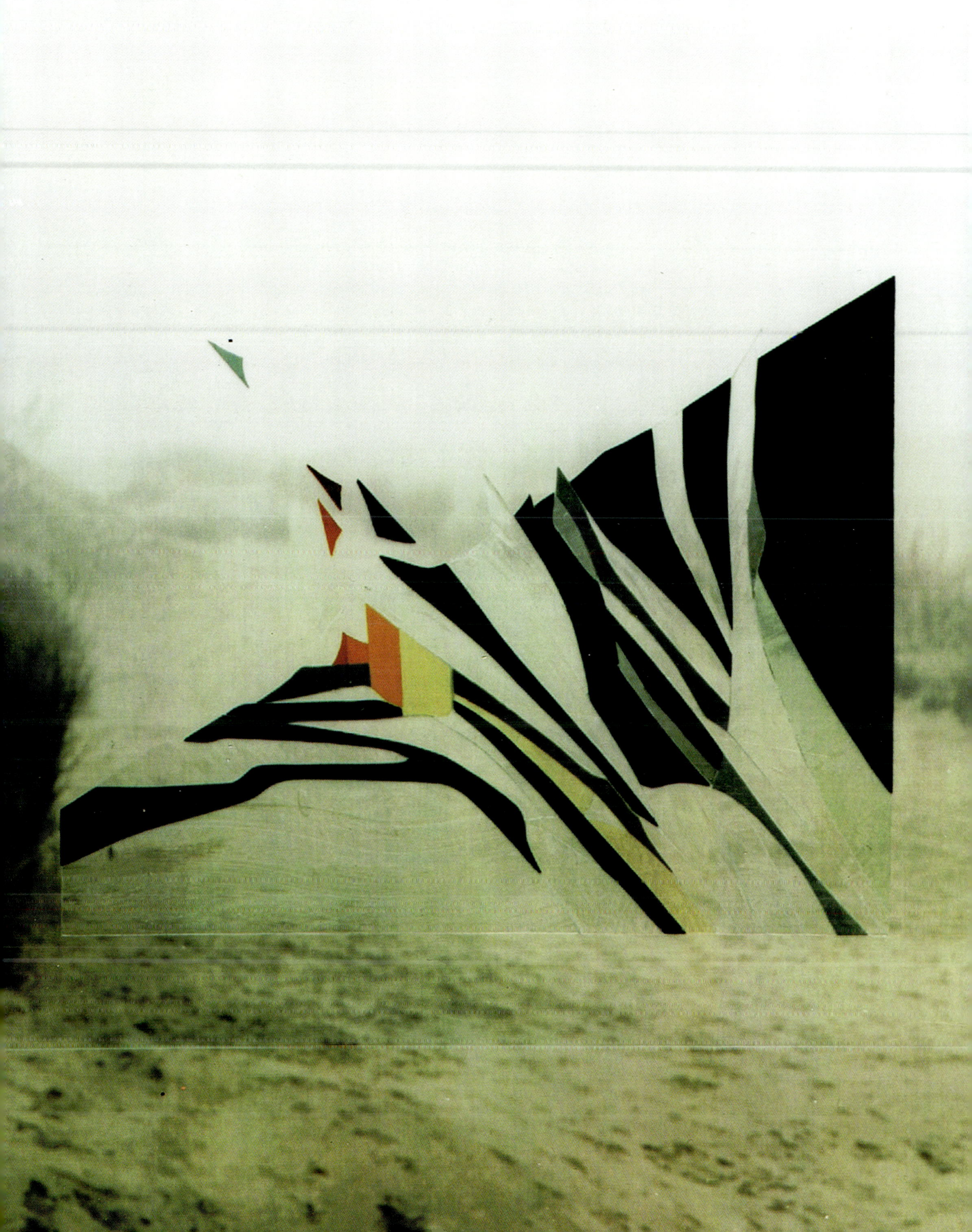

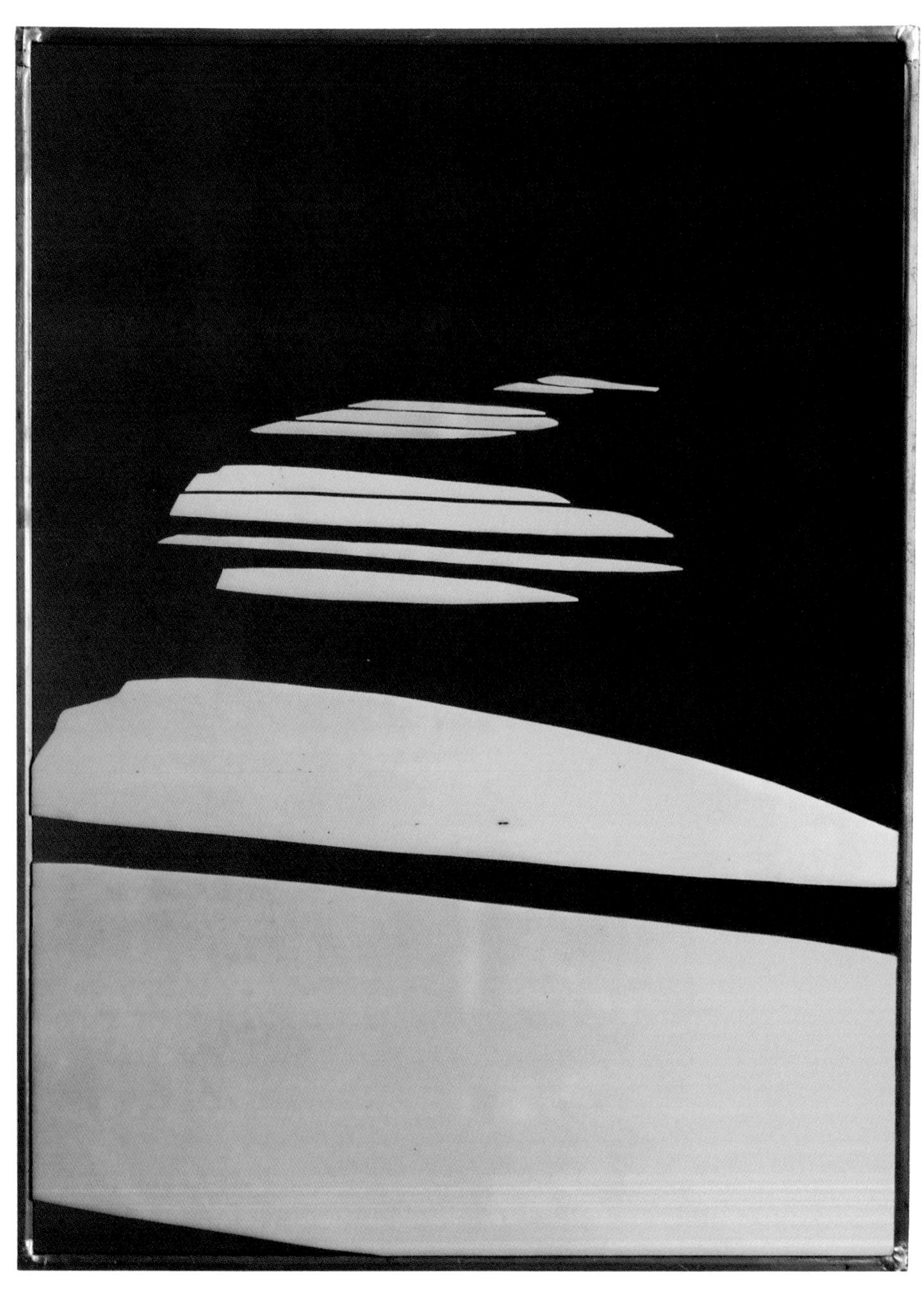

Light
2000, collage
75 x 56 cm

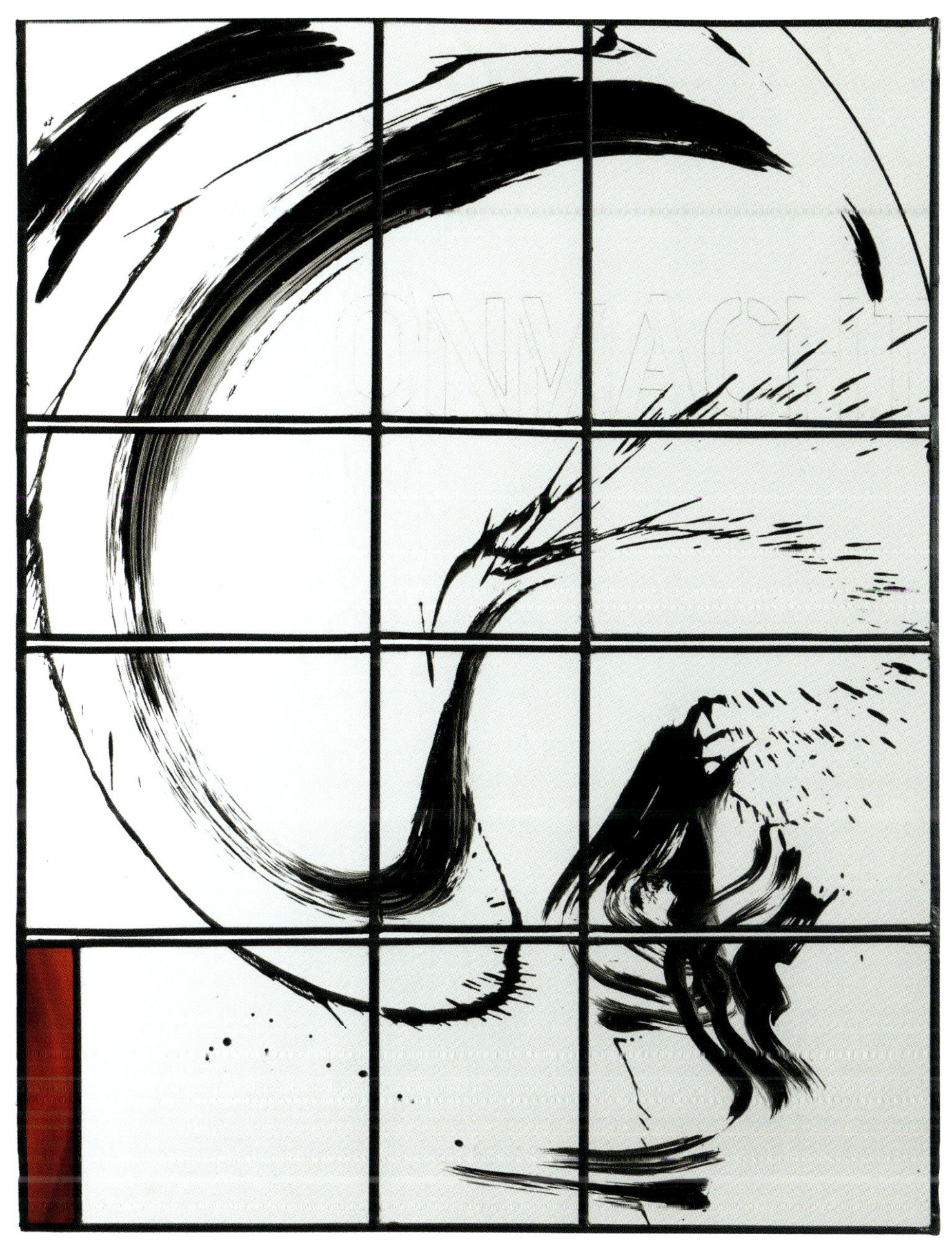

G.V.D.
2008, stained glass, collage
110 x 80 cm

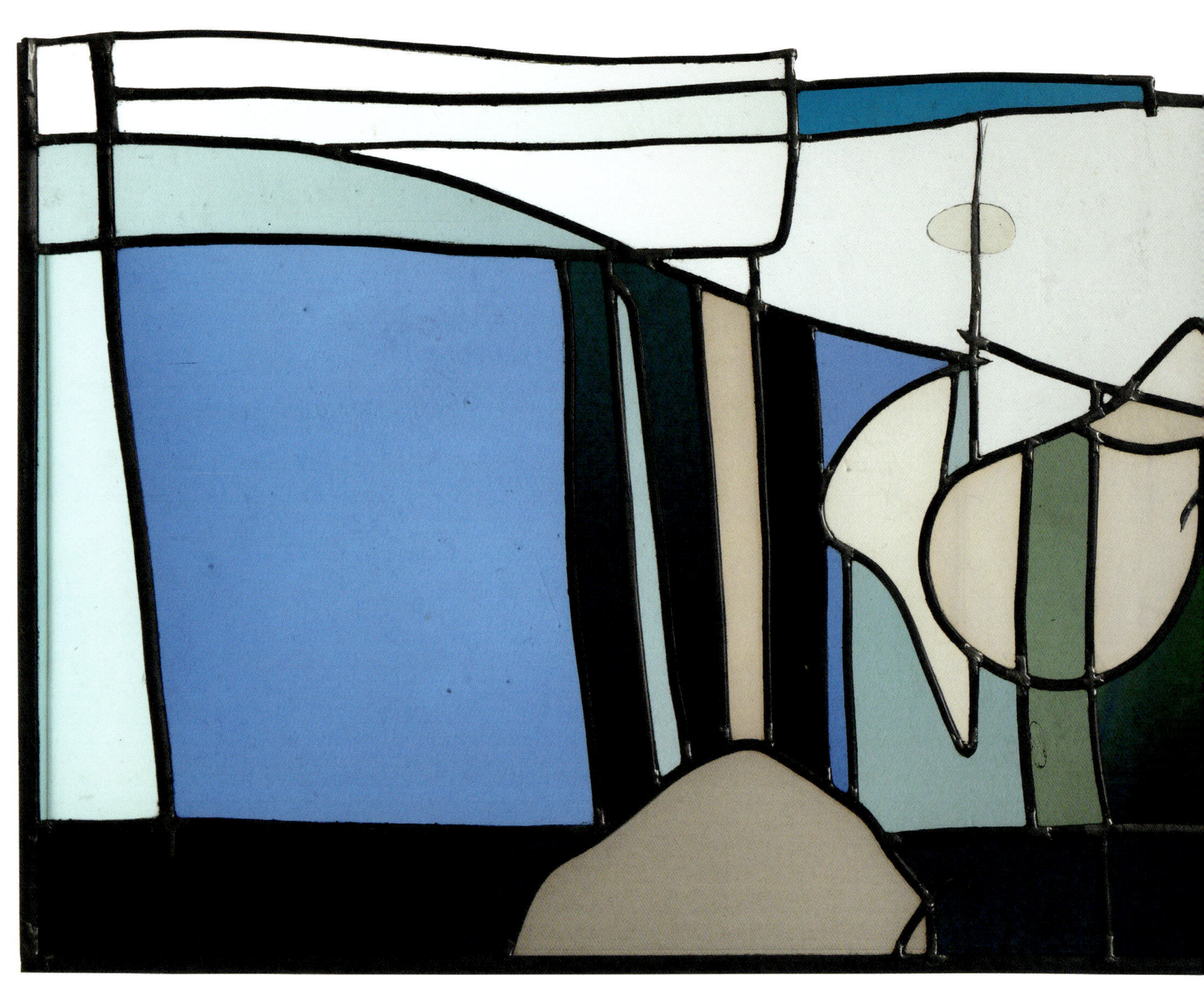

Untitled
2017, stained glass
110 x 40 cm

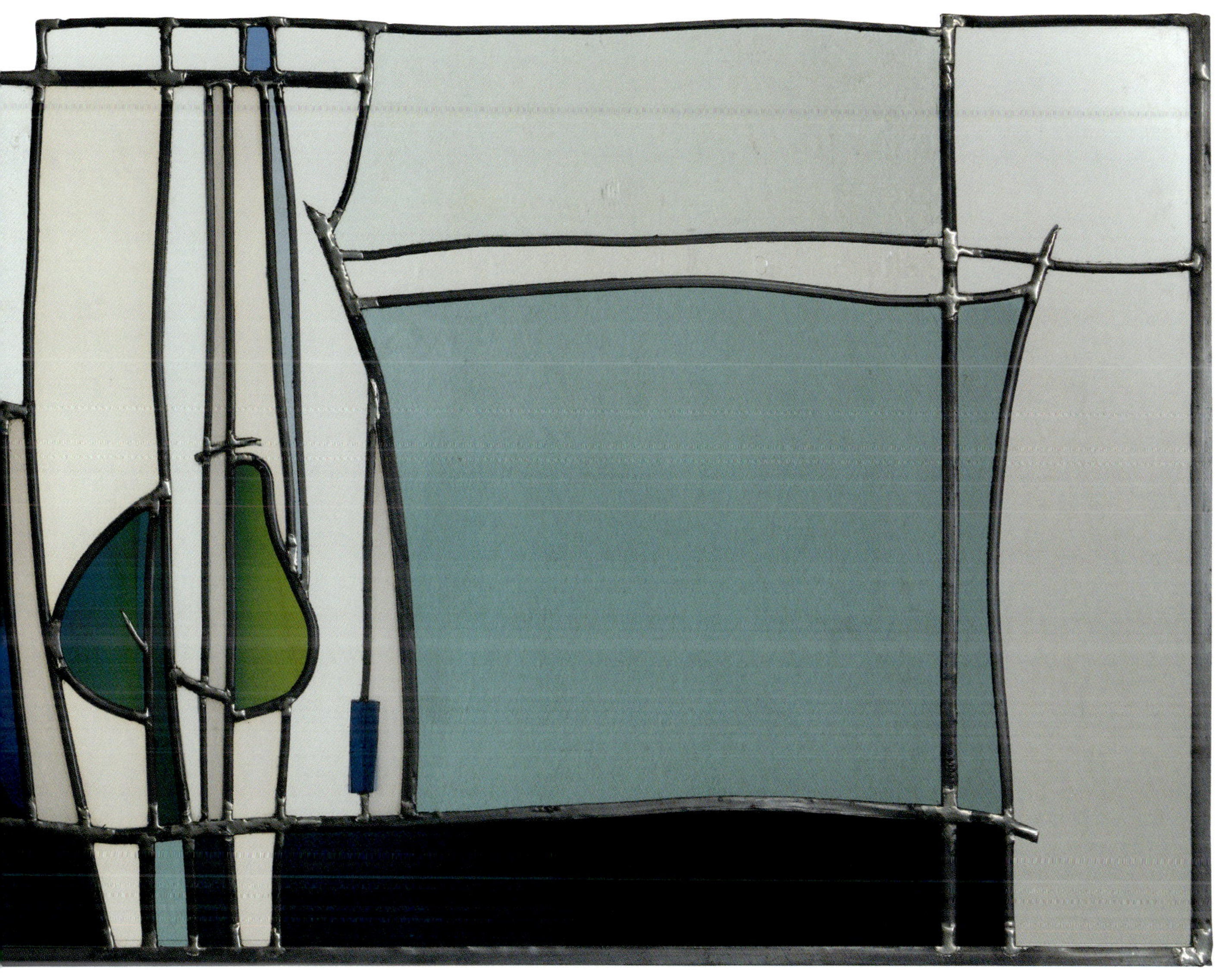

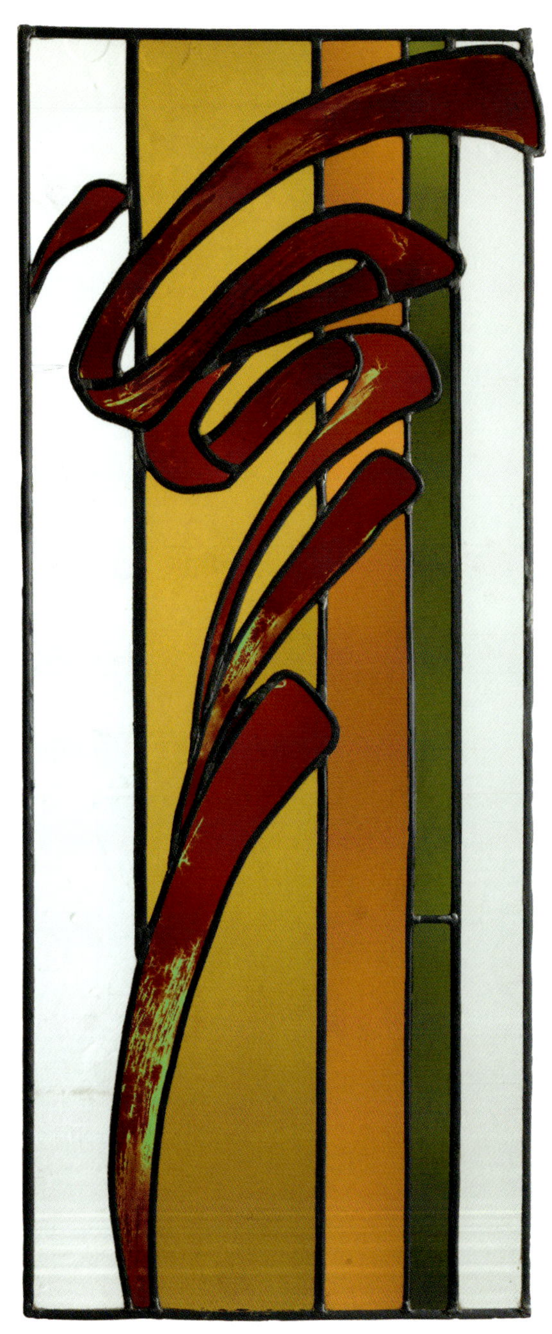

Untitled
1996, stained glass, etched
120 x 50 cm

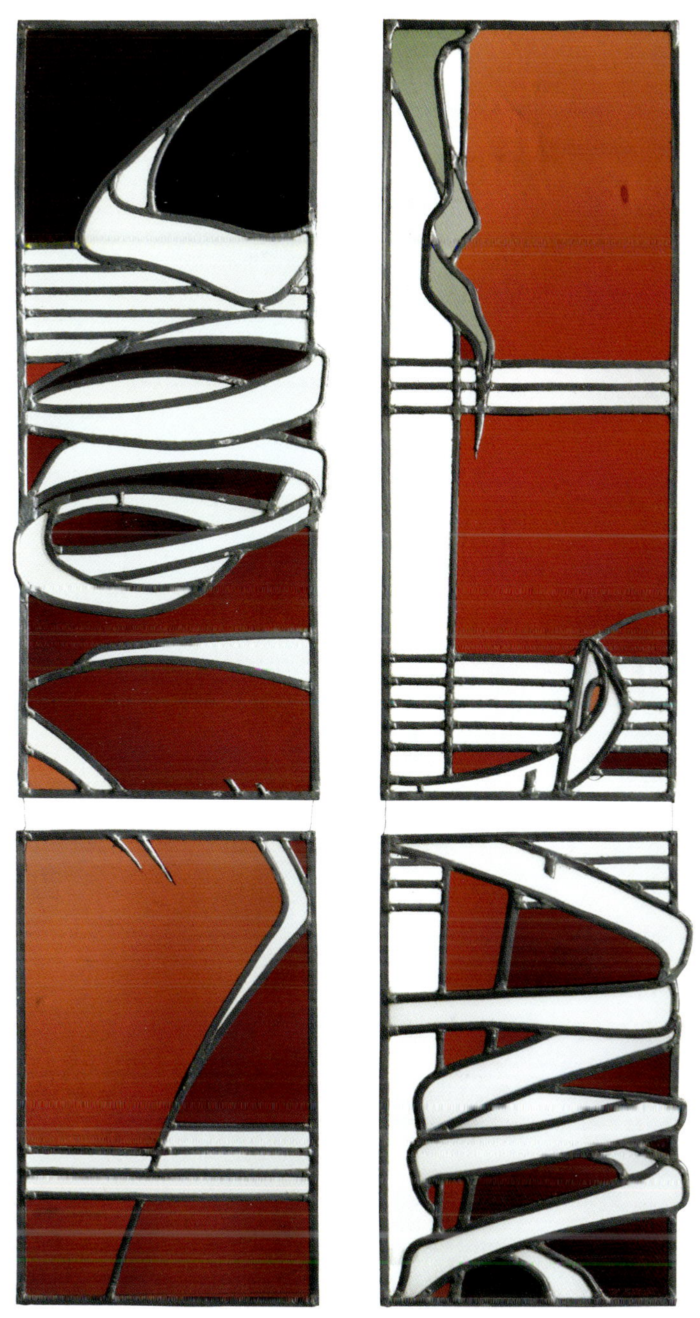

Untitled
2002, stained glass
2 x 80 x 20 cm

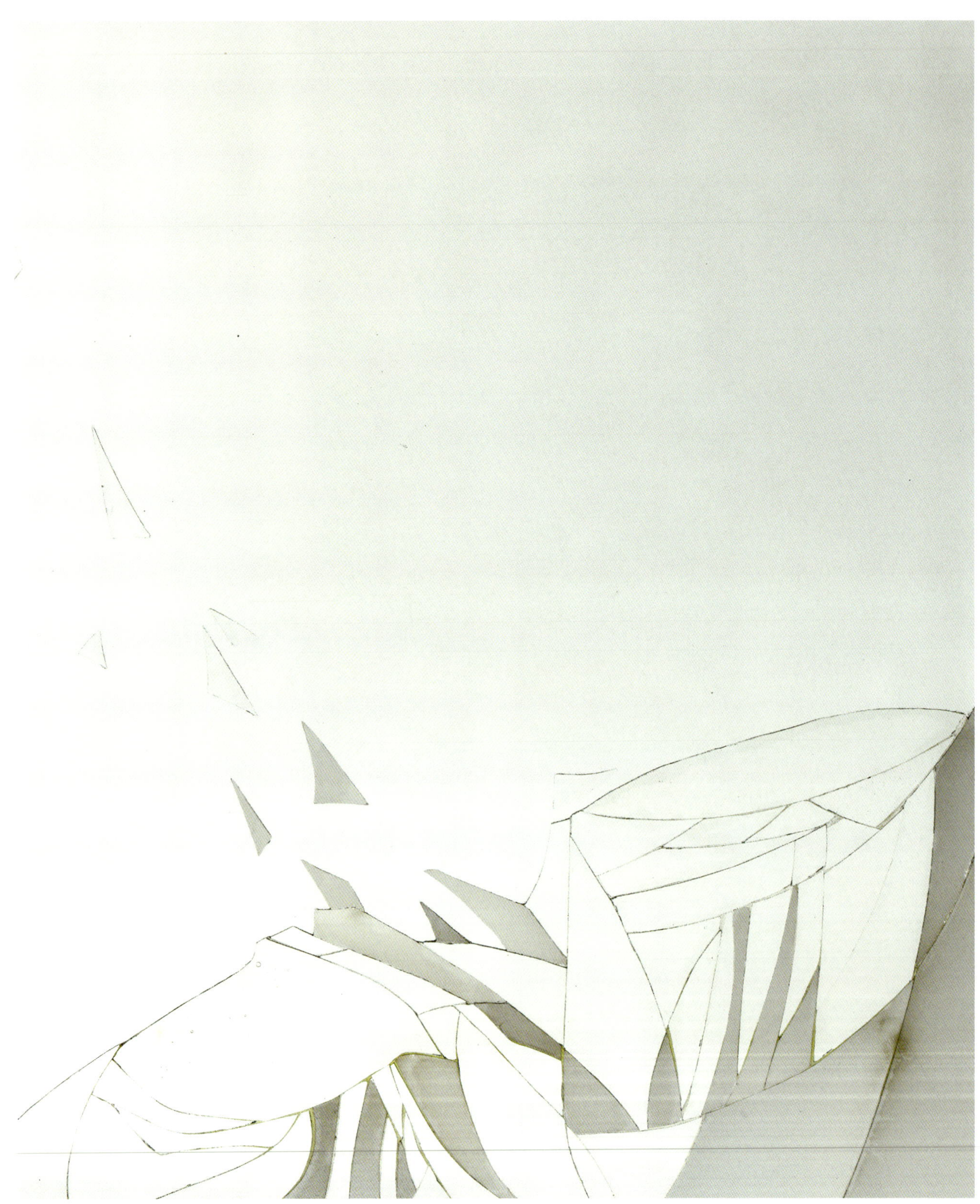

Untitled
1991, collage
70 x 60 cm

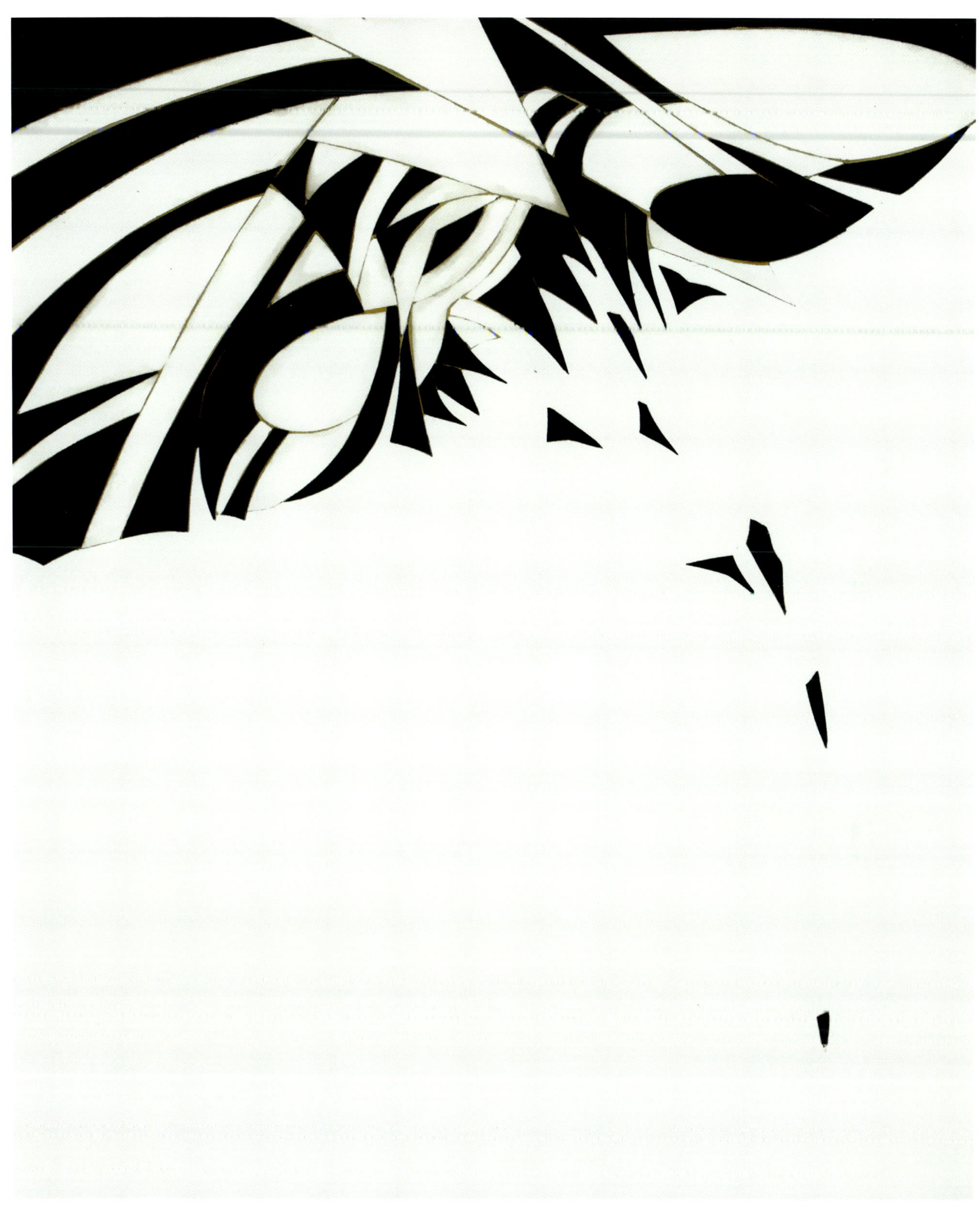

Untitled
1991, collage
70 x 60 cm

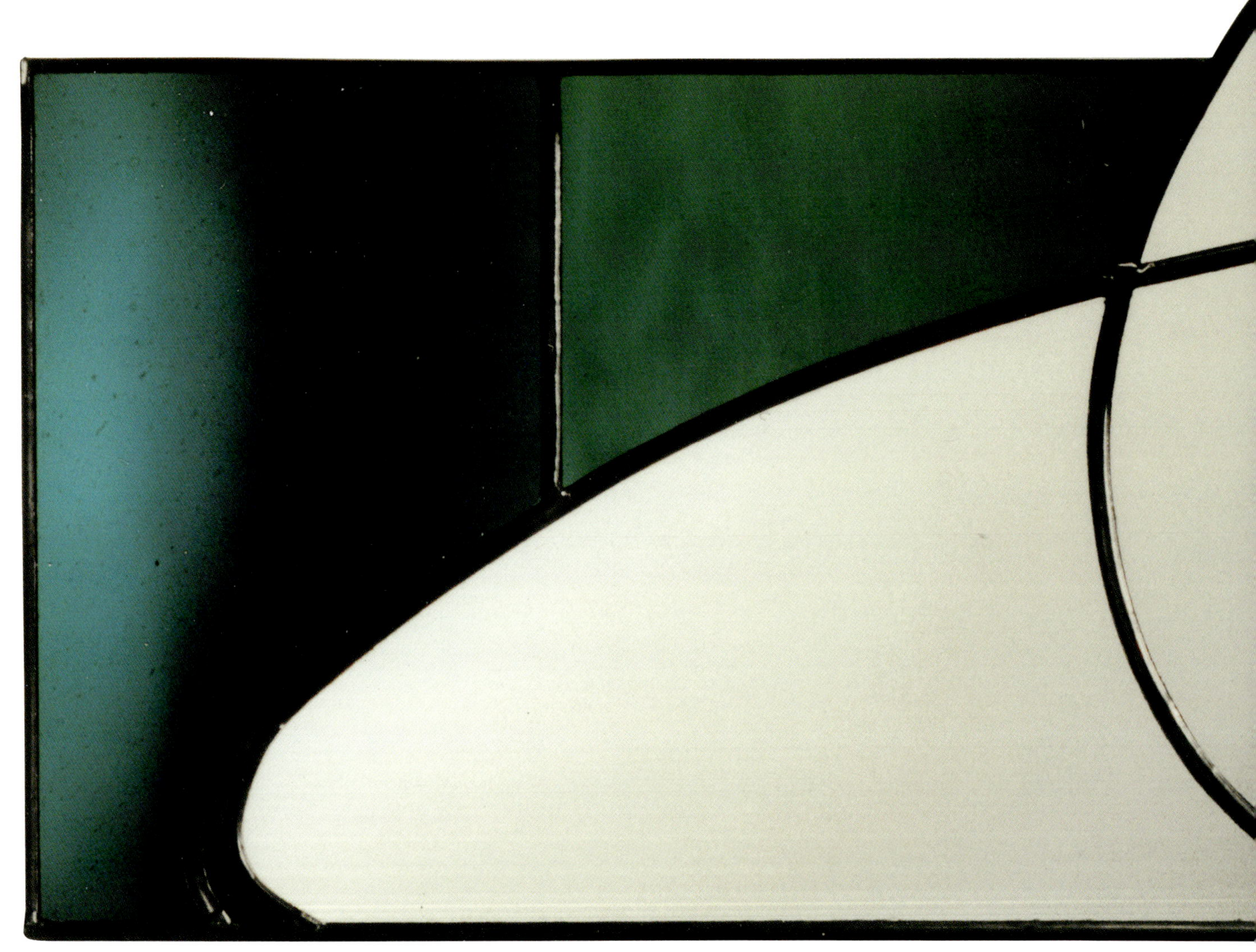

Untitled
2004, stained glass
100 x 35 cm

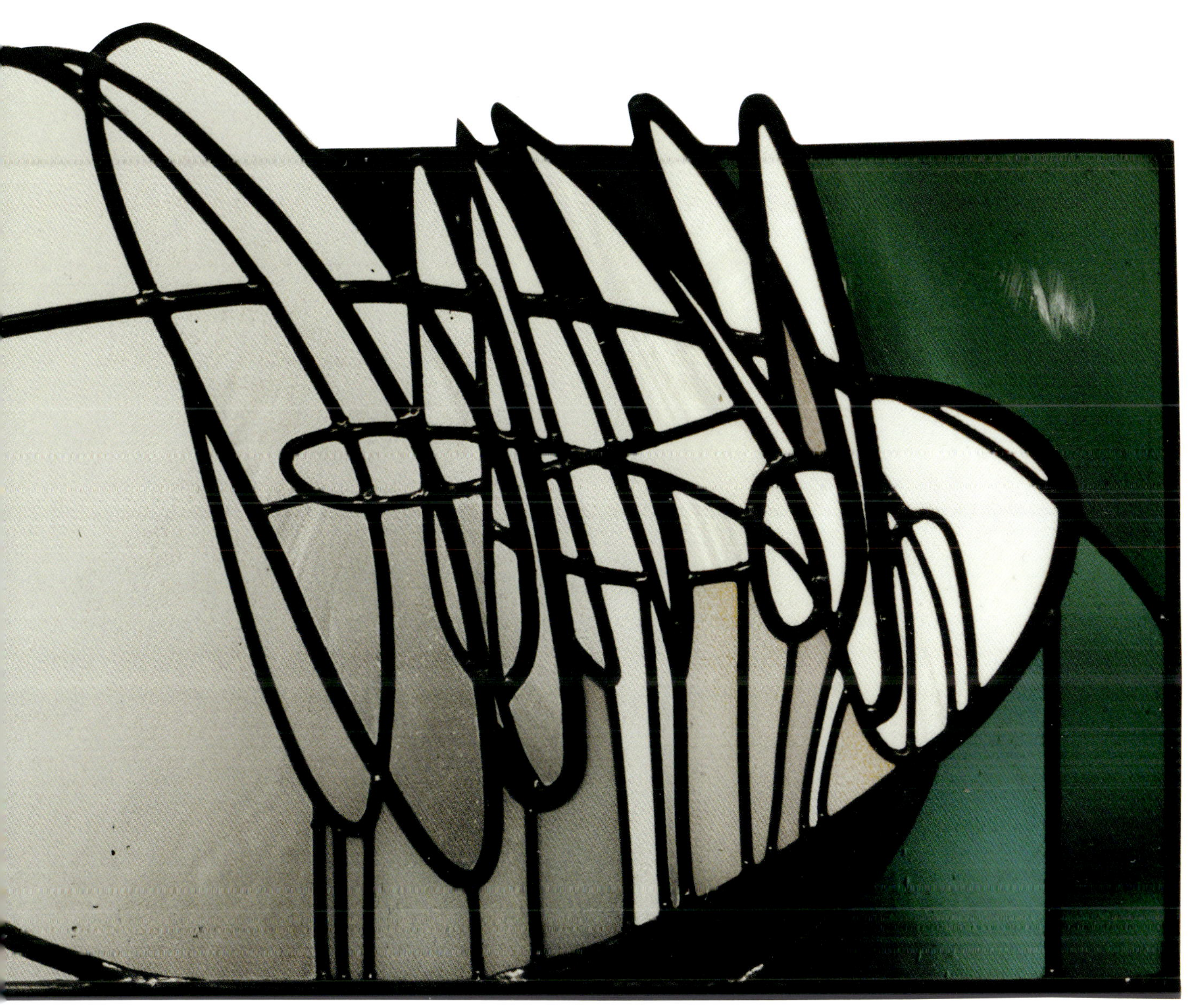

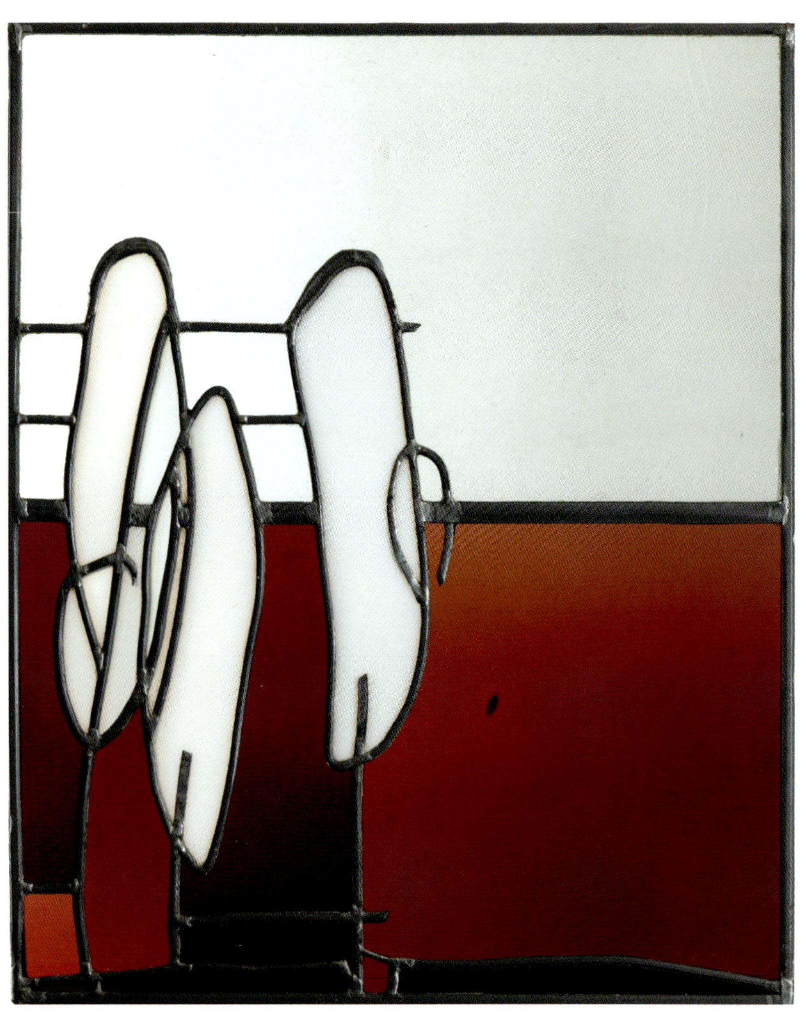

Red
2012, stained glass
50 x 40 cm

Project WARUM?
2014, oilbased paint on leavened glass
9 panels, 420 x 360 m, church Zonnebeke

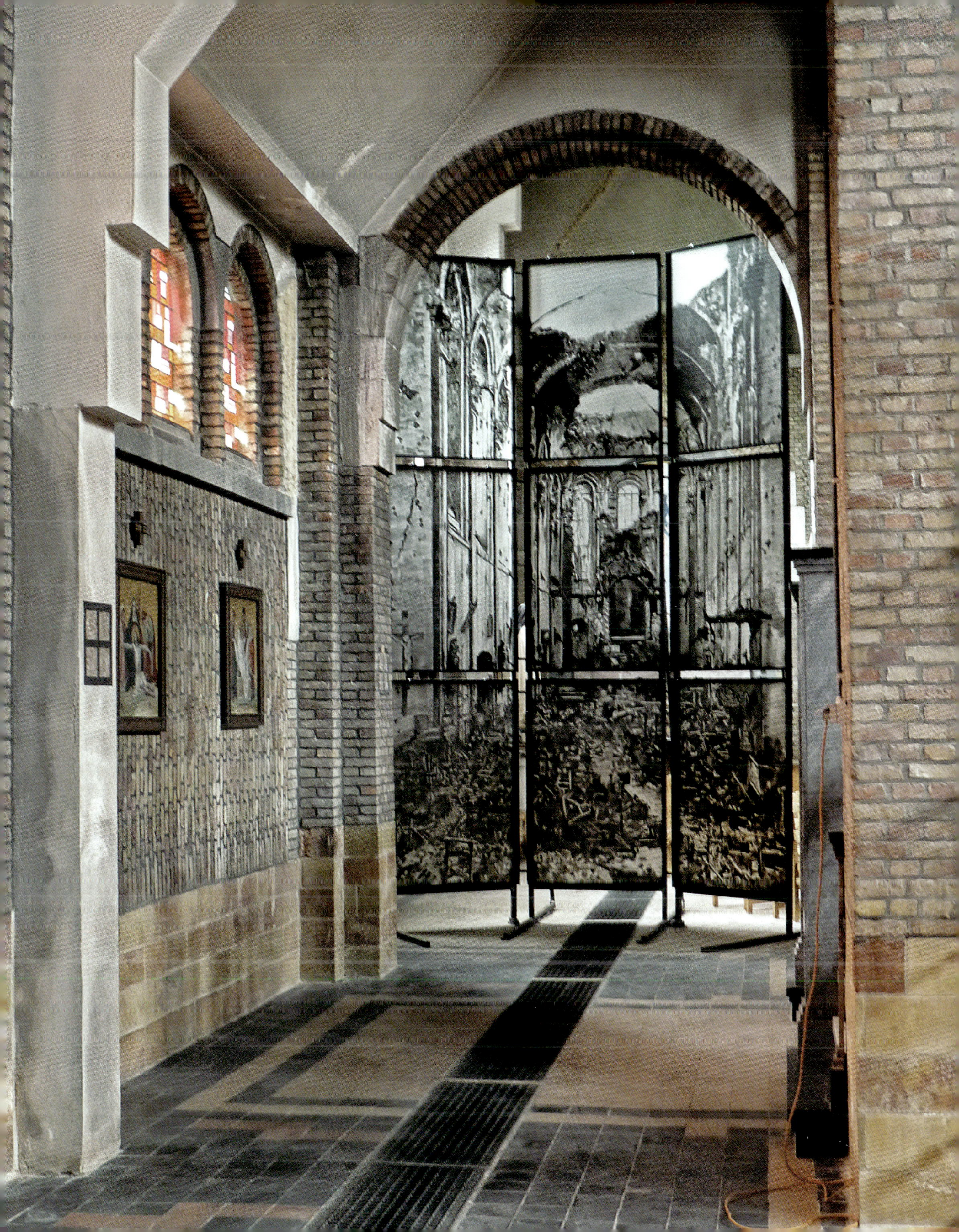

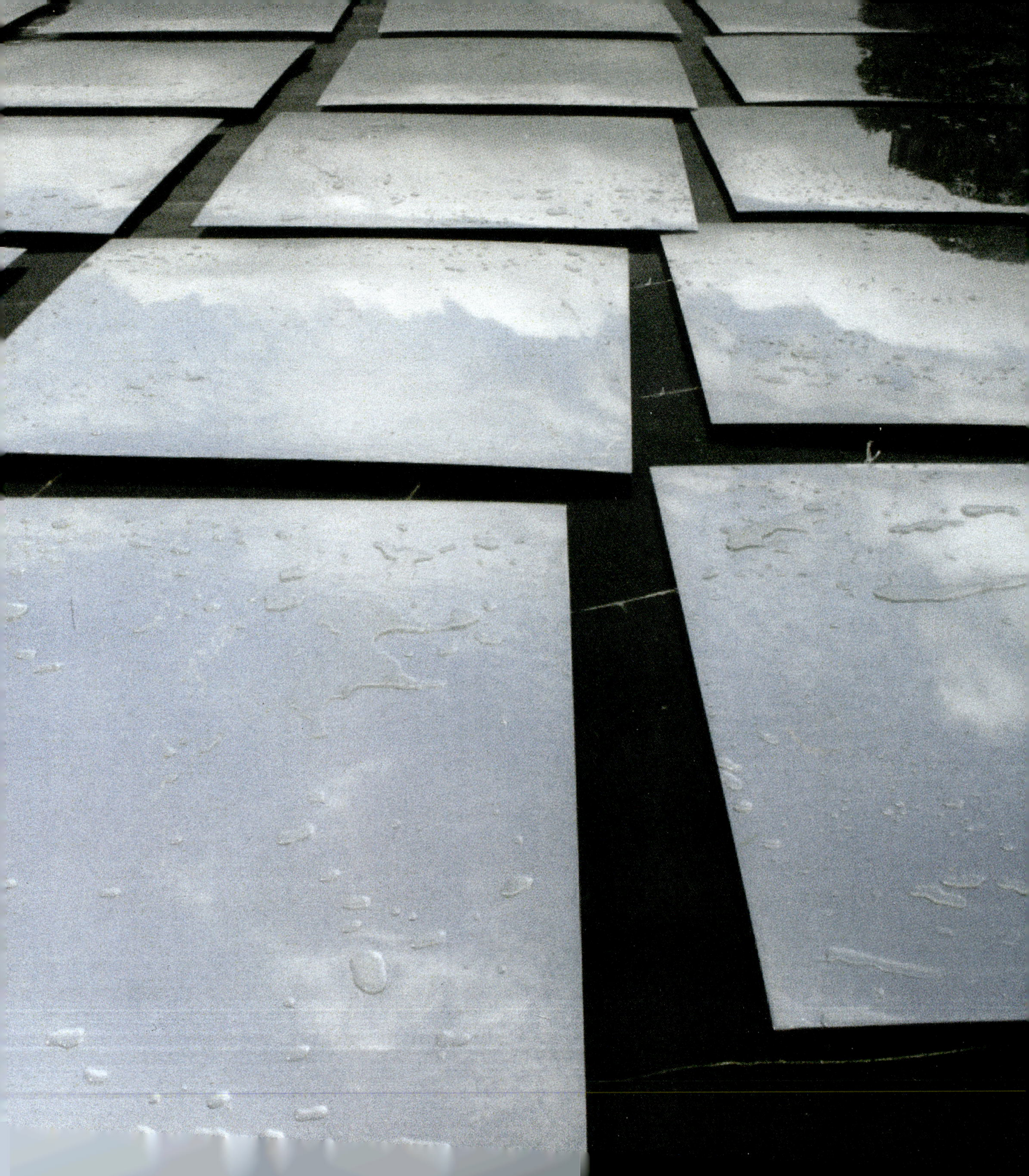

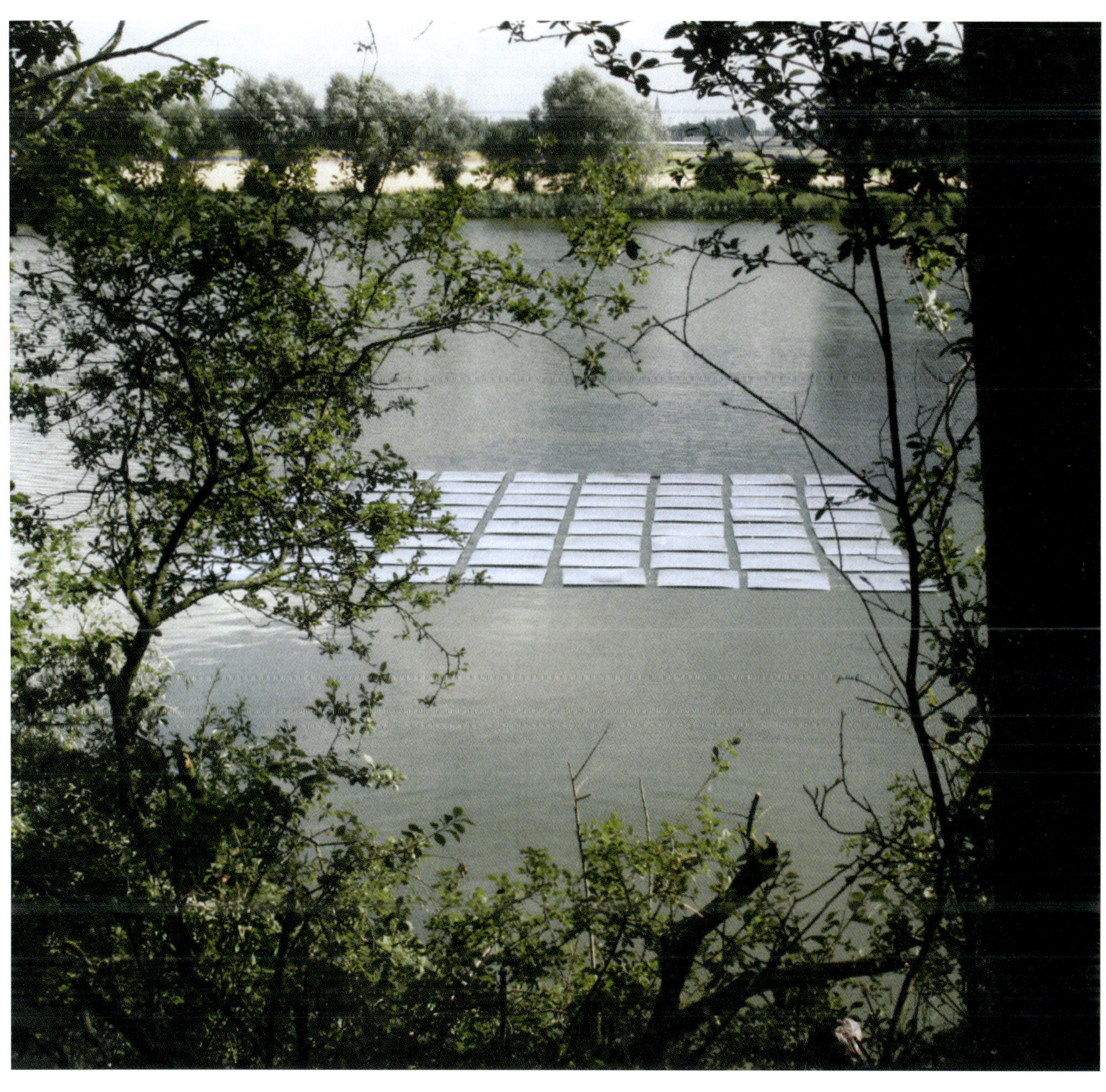

Artwork in the creeks of Assenede
2008, polycarbonate, isolation foam
64 square panels of 122 x 122 cm

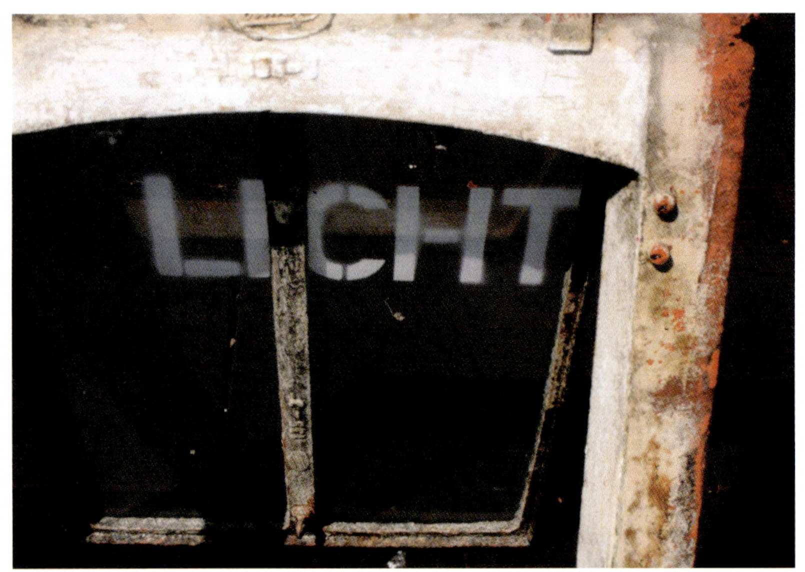

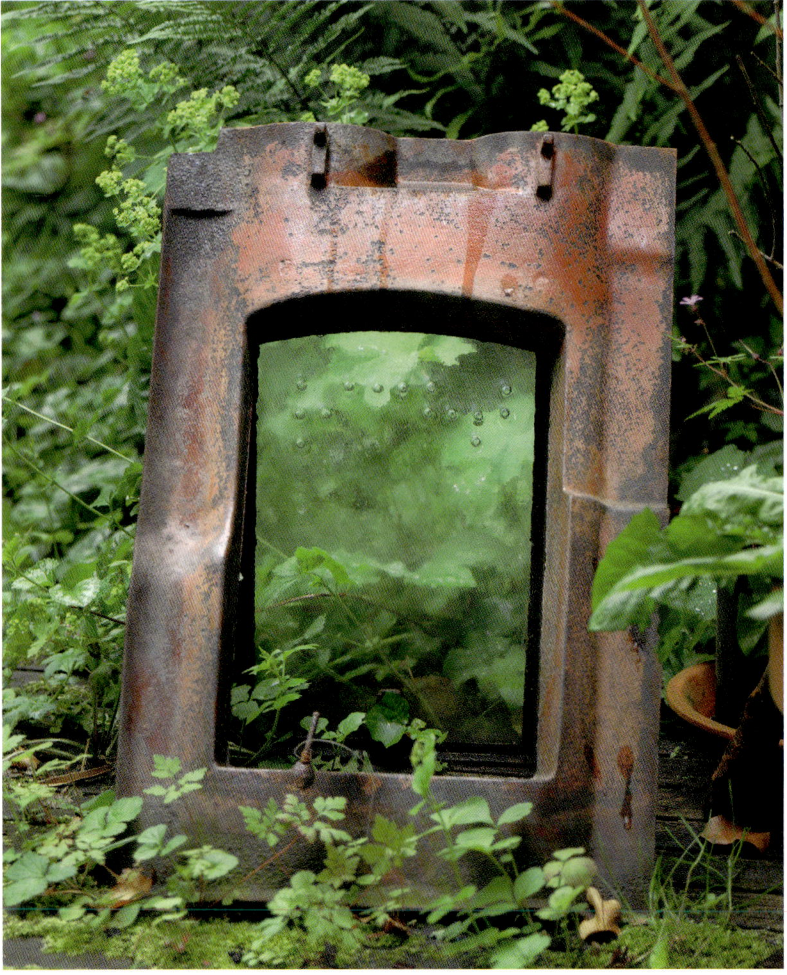

Licht
2006, 32 dormer windows, painted glass

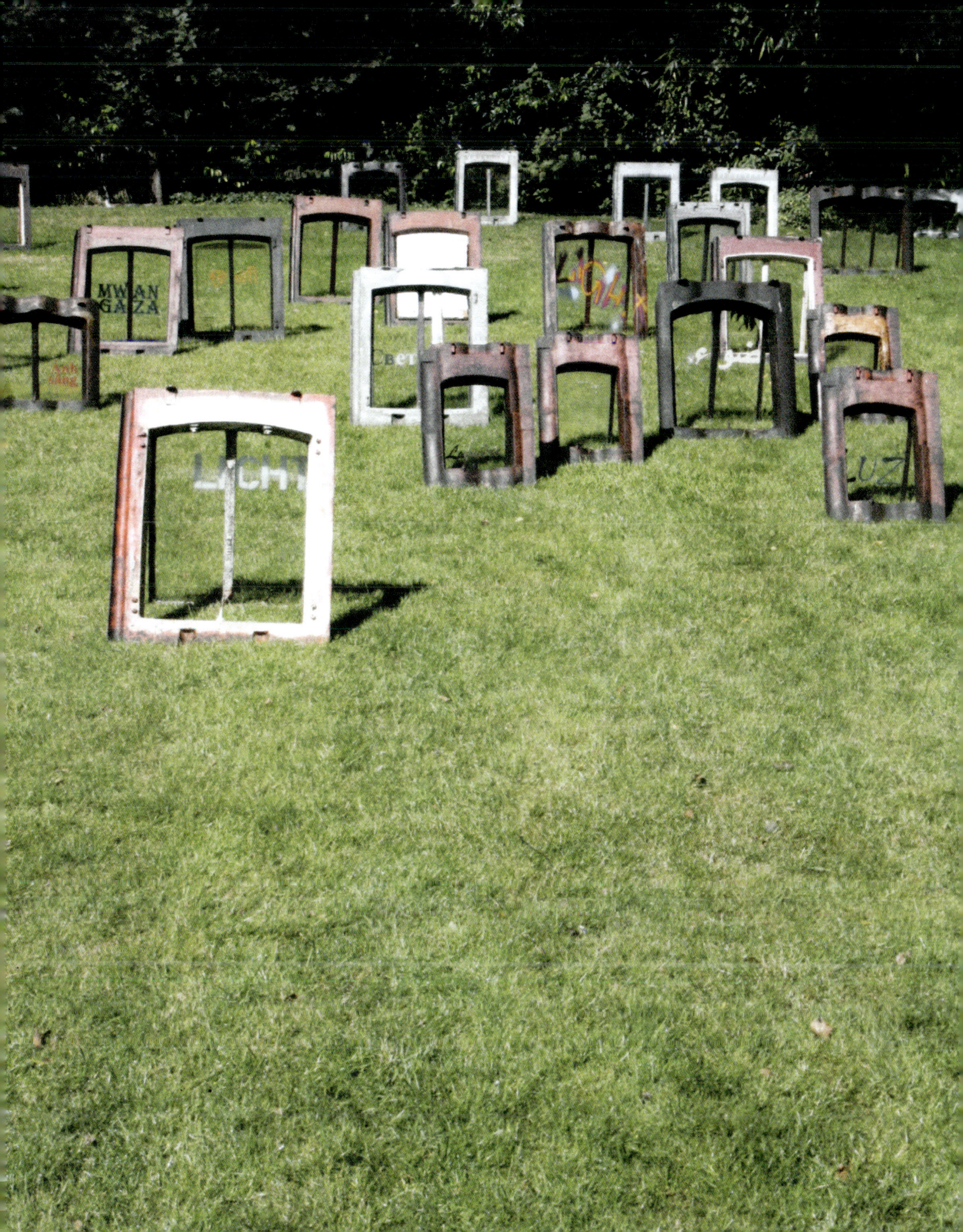
MWAN
GAZA
LICHT
LUZ

In conversation with the artist

Pia Burrick has been developing her artwork for more than 35 years now. With inexhaustible ideas and an undiminished drive to experiment “I’ll have to live for two hundred years to do everything I want to do”. An impassioned artist about her artistic development, her sources of inspiration, her commitment.

Were any other people involved in glass art when you settled as a glazier in the early eighties?

Glass art used to be entirely dedicated to the church. Most stained-glass windows were figurative, representing scenes from the bible for people who were often not able to read. Windows in Romanesque and gothic buildings were purely religious, in the eighteenth century and the Art Nouveau purely decorative. From the 1960s glass art abandoned that very traditional path. The pioneer was Michel Martens, an outstanding glazier. Instead of restoring the church windows damaged during the war, he designed windows in a new and very personal style. He has influenced my work. The glass prize I was awarded shortly after graduating gave me the confidence to continue working with glass.

Did you quickly discover your own artistic language?

My generation was more involved in innovation and I found my own path. My early works were very abstract and formal. A pure play of lines and surfaces and composition. Maniacally purified. I was using the ‘glass in lead’ technique at the time. Whereas traditionally lead served a purely technical function holding pieces of coloured glass together, I was giving lead the leading role and favoured the term ‘glass and lead’. Lead is extremely important for me, my work is defined by the essential graphic linear pattern. From there my work has developed into different directions. I speak a modern language with a traditional craft.

Glass collage, stained glass, painted: so many techniques can be applied by the glazier. Does the craft hold any more secrets for you?

Glass art presents many technical challenges, but I have familiarized myself with these. I have developed my own language. I am a very receptive person: I react to plenty of stimuli, I live with all my senses. This is useful for my work with glass. Float glass, cast glass, blown glass each have their own characteristics, which help to define the atmosphere of my work. I mostly work with blown glass, made according to a traditional process. Glass is a supercool liquid with an amorphous cell structure. To cut glass, you need to produce an oscillation with a glass cutter – a small steel wheel – and break the glass immediately. To cut well you need to listen well: you need to hear when to break the glass. Each glass has its own sound. I even trained cutting with my eyes closed in preparation of a glass workshop for the blind.

The material may have remained the same, your techniques have changed.

After the pure play of lines in stained glass I moved on to glass collage and mainly stained glass. Gradually my work has also become more figurative since. The stained-glass technique involves putting a filter on normal or coloured glass, with grisailles. By holding back the light, the grisailles shape a pattern. When the glass is baked at a high temperature the filter is fired onto it. My experiments with this technique started with a tentative portrait, but now I use it in most of my free work. Stained-glass agrees with me. I am utterly fascinated by the process. Because glass does not absorb, I can keep painting: design beautiful structures, add layers onto each other, take away paint. Playing with paint for a vigorous result. One of my works shows a man stepping in full concentration from one bar onto a higher one. Eight panes inspired by a circus act I once witnessed: literally breathtaking. It is for me an example of powerful painting: you feel the movement, the vibration, the heat of the radiant sun. And the suspense I felt as a spectator, the work also being a record of my own experience.

So your receptive nature is useful in other ways as well.

I see everything, I hear everything. I pick up everything. I take a lot of pictures, my attention can be caught by many different things, both thematic and formal. And this is usually blissful, preventing the inspiration from ever running dry. Because my sources of inspiration are so diverse and I can be surprised at so many things, I keep my passion and captivation. Sometimes it is getting too much, however: I hardly ever find rest, and never take a break from my work. I will have to grow very old to express everything stored in my head.

How important is the play of light in your work?

Light brings glass to life. It is the essential point. Michel Martens' motto was "Light is my substance, glass is my medium". That is remarkable. Whatever I do, essentially I am working with light. My glass plays with light, filters it, breaks it. Light can be projected, reflected, let through. The possibilities are endless and I play with light, in all directions. Why do I work on glass and not on canvas? I have not been thinking about this question for a long time. You choose your métier and that is it. I did experiment with other materials such as textile, but quickly returned to glass. An illustration of the importance of light for my work is an installation of 32 old dormer windows. I put the word 'light' on each, in different languages and styles. Opening a window is letting light into your house, but also into your thinking, your being, your life. Light influences our psyche. One of the windows is shuttered, of the person who does not understand.

Can we discover a common thread in your work?

Tragedy. Many images strike me by their loneliness, by hopelessness. My work does not necessarily tell about my own little life, but does express my feeling about things. The Vietnamese man having to steer his small boat to market each morning, a group of Chinese builders thoughtlessly at work, a beggar in the subway, a mother who has to abandon her child. Sadness, but loving and cherishing at the same time. Emotion is another recurring theme. On my sixtieth birthday I made sixty square works based on pictures that moved me in one way or another. This may be a kiss or a couple walking away as well as a woman screaming with powerlessness. Yet, sometimes I just play and enjoy, in works I like to call little strolls. I also seek out the occasional wink, and add a touch of humour to my work.

The visitor seeing your workshop might call you a melancholy person. So many objects from days gone by…

You do see many old objects here, collected at flea markets and furniture sales. It is not so much the 'age' of the object that matters, however, but the emotion and fascination for the story behind it. I mainly look at shapes and proportions. I like arranging still lifes, with whatever objects. I would move abook on the shelf to balance the composition. I also enjoy working with old frames, dormer windows, door frames. I like contrast: the contrast between material marked by age, such as a rusty and worn window or paint peeling off wood on the one hand and the purity of substances such as glass and lead on the other.

Which artistic project are you particularly proud of?

On its fiftieth anniversary the Brugean organisation for disabled people Oranje was moving to new premises. They were looking for an artist who would design something for this building, together with the target group. I was immediately seduced and started work with a large box of pictures from their archives. I asked the people to trace (parts of) pictures and I then transferred their drawings to glass. They created incredibly beautiful things. They draw more or less what they see, and add the rest. I added coloured enamel here and there, but did not touch their drawings, I am very faithful in that respect. I had already done such an activity with the children I teach in the academy. Their small hands add a lot more expression to my pictures. A drawing might have two heads, or eyes in the wrong place. The children do not like this, for me it is fantastic. Discovering beauty in 'ugliness' is a main motive of mine. For me beauty is found in the proportions. The balance of shapes and lines, of surfaces and emptiness, of different styles. But also the beauty of timing: between sound and silence, tension and composure. I like 'to challenge' a surface, to interweave elements in order to strengthen a work's substance.

What are the other drivers of your creative work?

I want to question things, constantly. For some time now I have been considering creating a work called 'Walking the dog'. When I walk my dog, I pick up every object that intrigues me. Apart from what is, I wonder : where does it come from, who has designed or made it, which way has it travelled? Which people have had to work in which conditions to cause this object to come our way? I am immensely fascinated. Globalism. All these objects hold a story, they are all stories about people. I want to bring this to the attention.

People always play a dominant role in your work, don't they?

Though nature inspires me a lot too. I was almost raised in a forest, so I am able to distinguish an oak from a maple tree. I would like to create a series with nettles, blackberries and thistles. Why these? Because they cannot exist, they have no right to life. But who decides this? Simply because they grow faster and adapt better. Awful, isn't it? And then stock flowers from far and wide: roses grown on a massive scale in Ethiopia, for instance, where the flowers are getting eighty times more water than a person. These are the things I want to keep questioning. That is my commitment.

Eline Maeyens

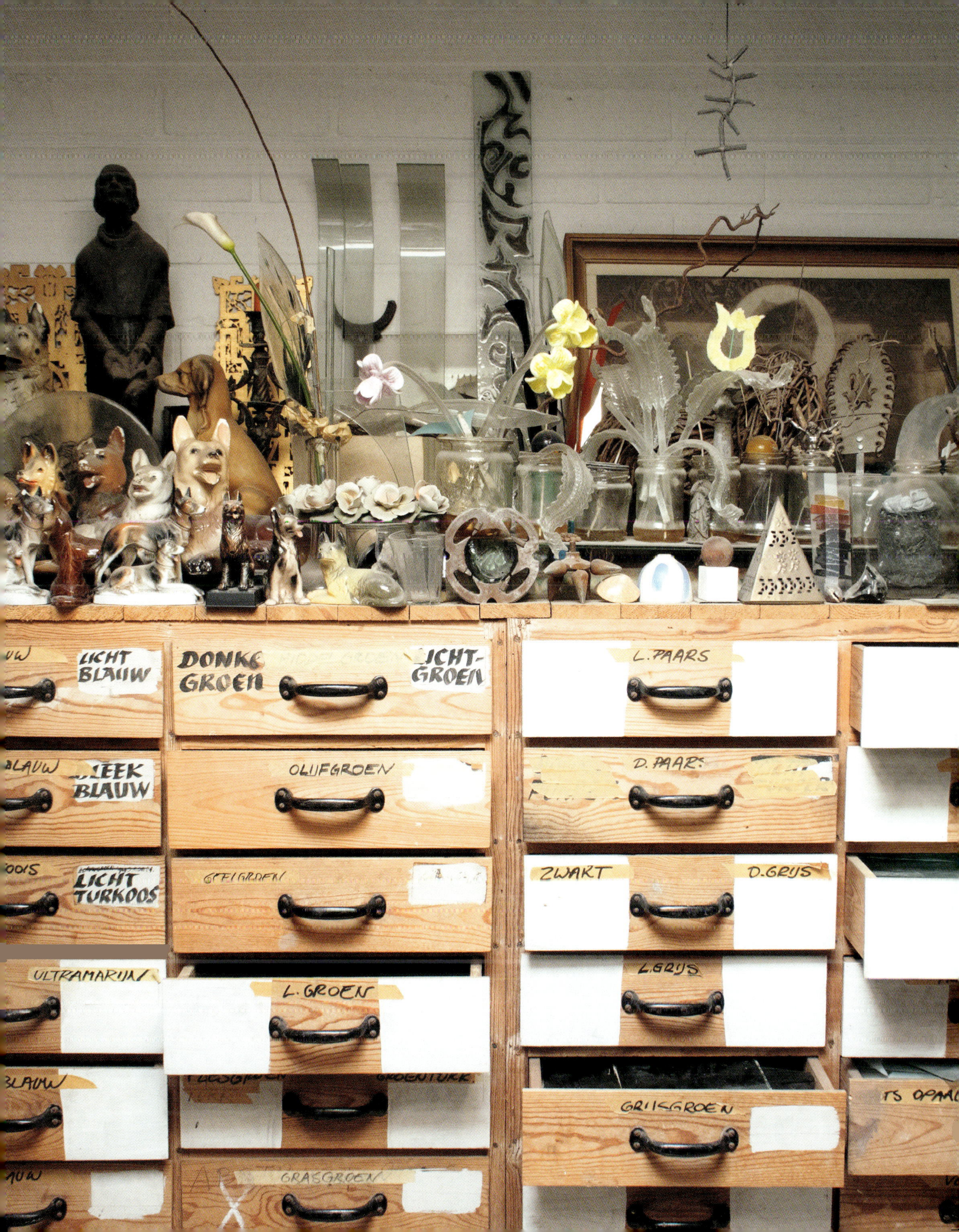

LICHT BLAUW
DONKE GROEN
L.PAARS
OLIJFGROEN
D.PAARS
LICHT TURKOOS
ZWART
D.GRIJS
ULTRAMARIJN
L.GROEN
L.GRIJS
GRIJSGROEN
GRASGROEN

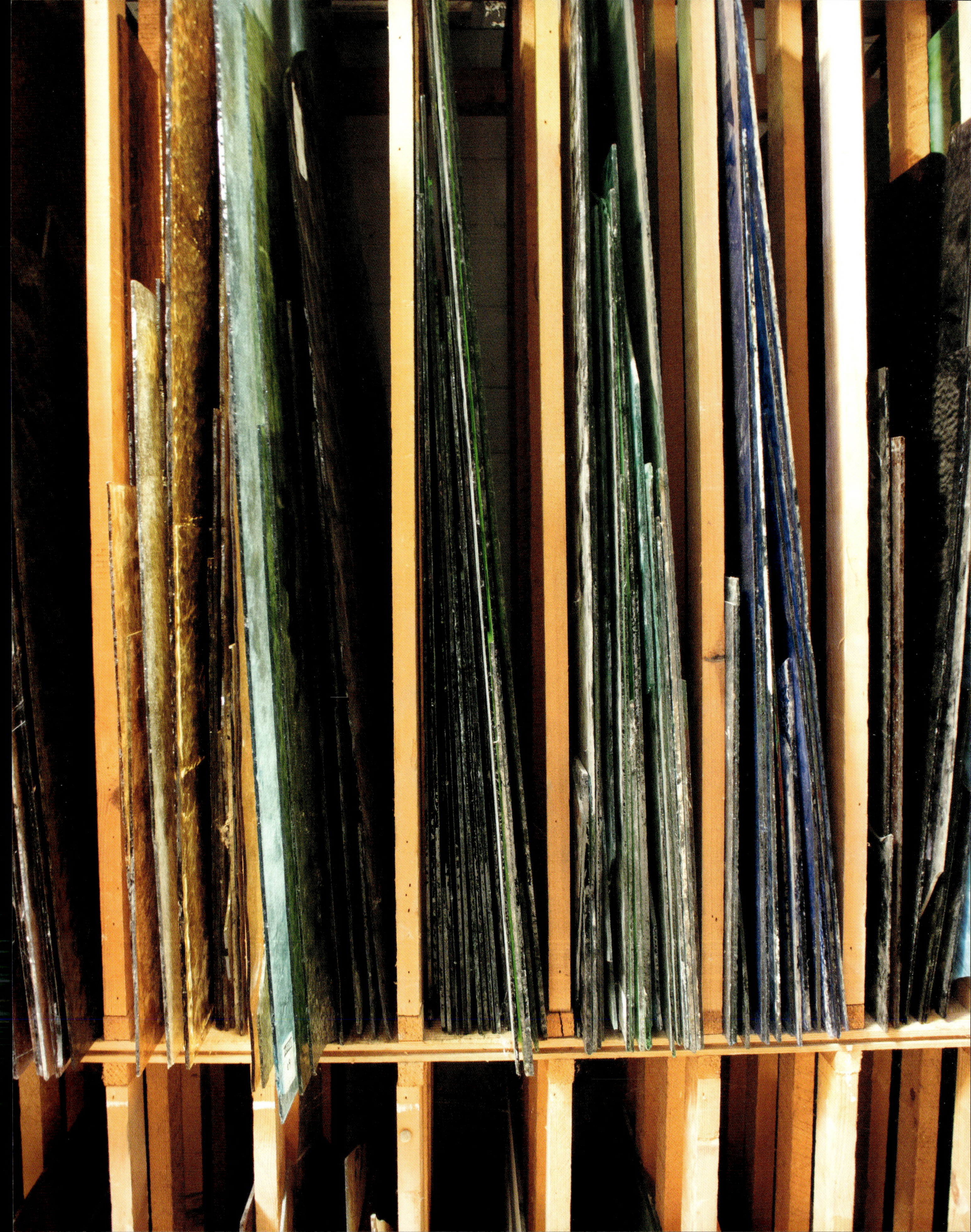

Integraties

Een opdracht is altijd een uitdaging. Wie vraagt? Wat vraagt men? Voor welke ruimte ga ik ontwerpen? Wat zijn de verwachtingen? En het budget? Wat is de functie, de stijl, de sfeer, de kleur en de lichtinval van het interieur? Ieder bezoek is een verrassing. Zelden klopt het beeld dat ik van de mensen heb met de leefruimte die ik voor ogen had. Maar meestal wordt op dat moment ook het idee geboren. Na 35 jaar geïntegreerd werk maken, treedt er een mechanisme in werking dat gelijk vorm en karakter van een ontwerp oproept, vallen elementen in elkaar en voel ik hoe een harmonie met de ruimte te creëren. Ik maak veel ontwerpen. Steevast kiest men het eerste, het meest 'impulsieve'.

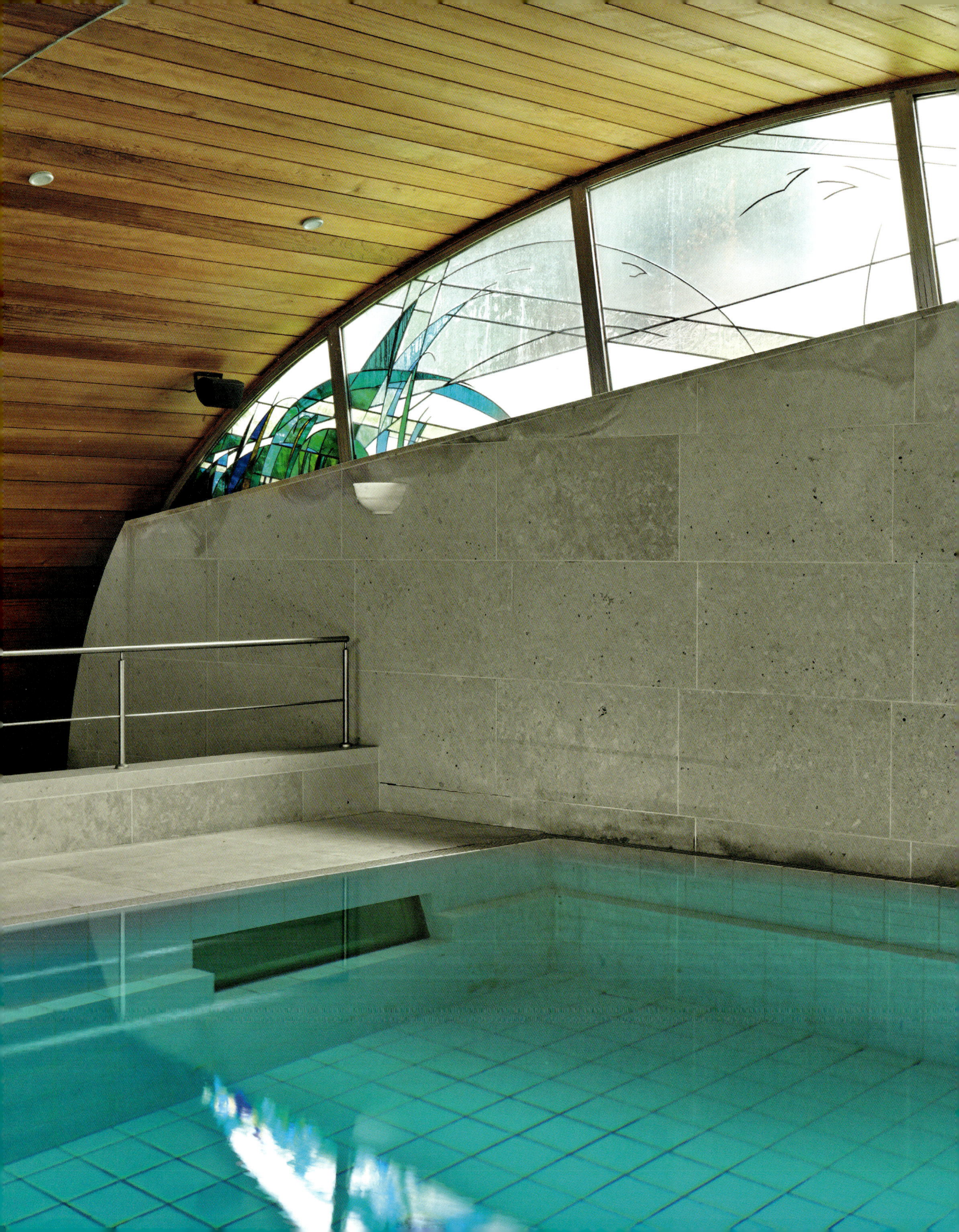

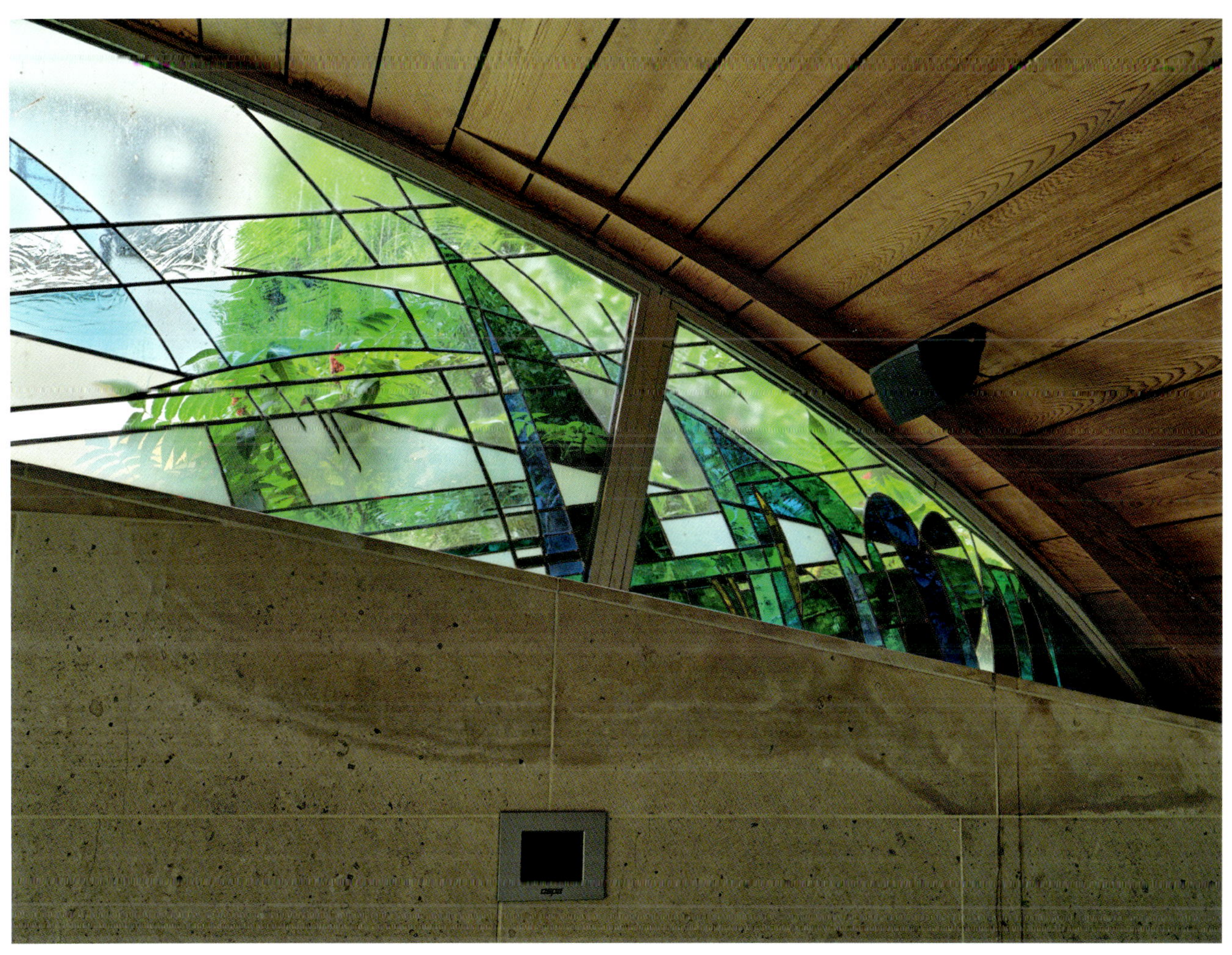

Private pool
1994, stained glass, Brugge

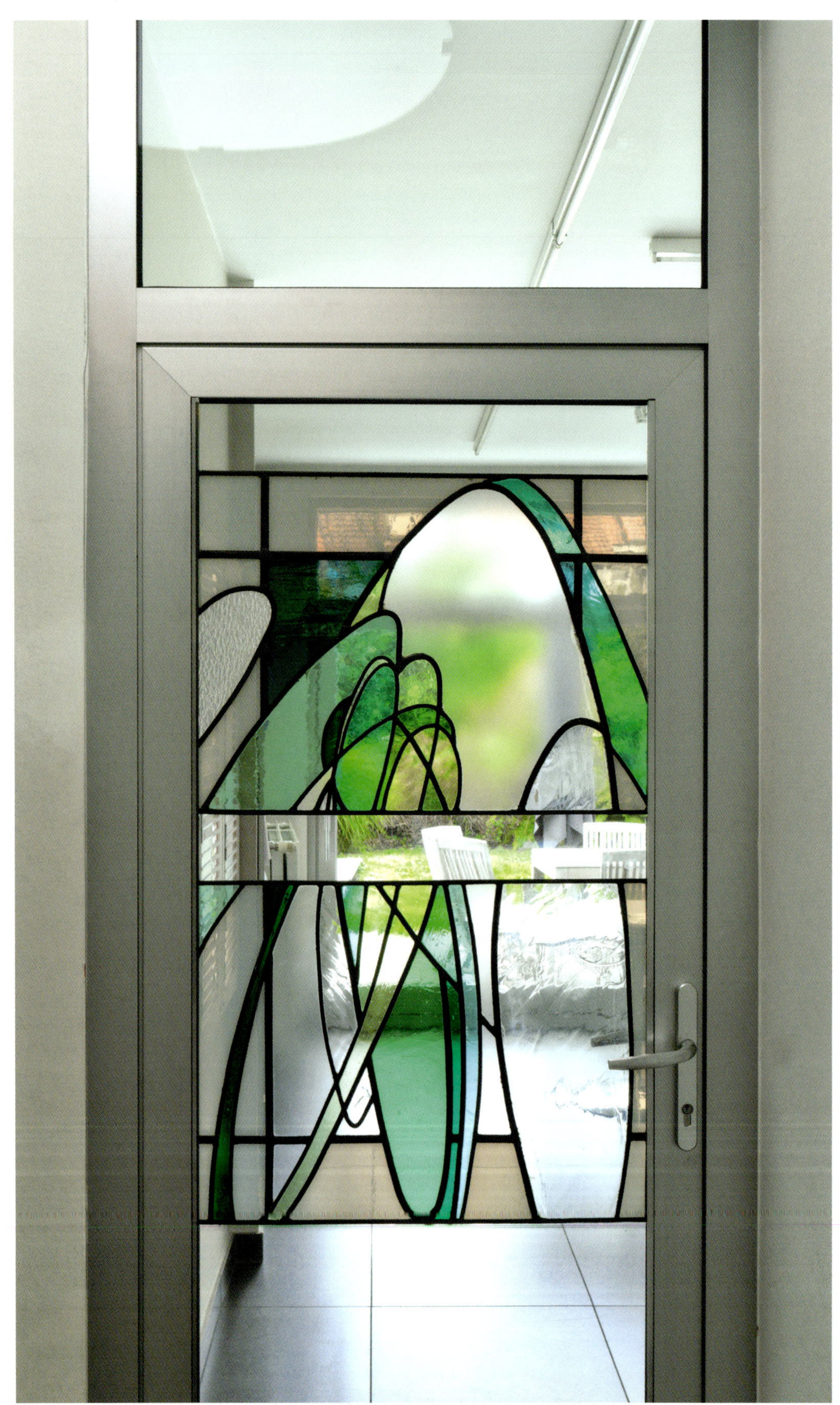

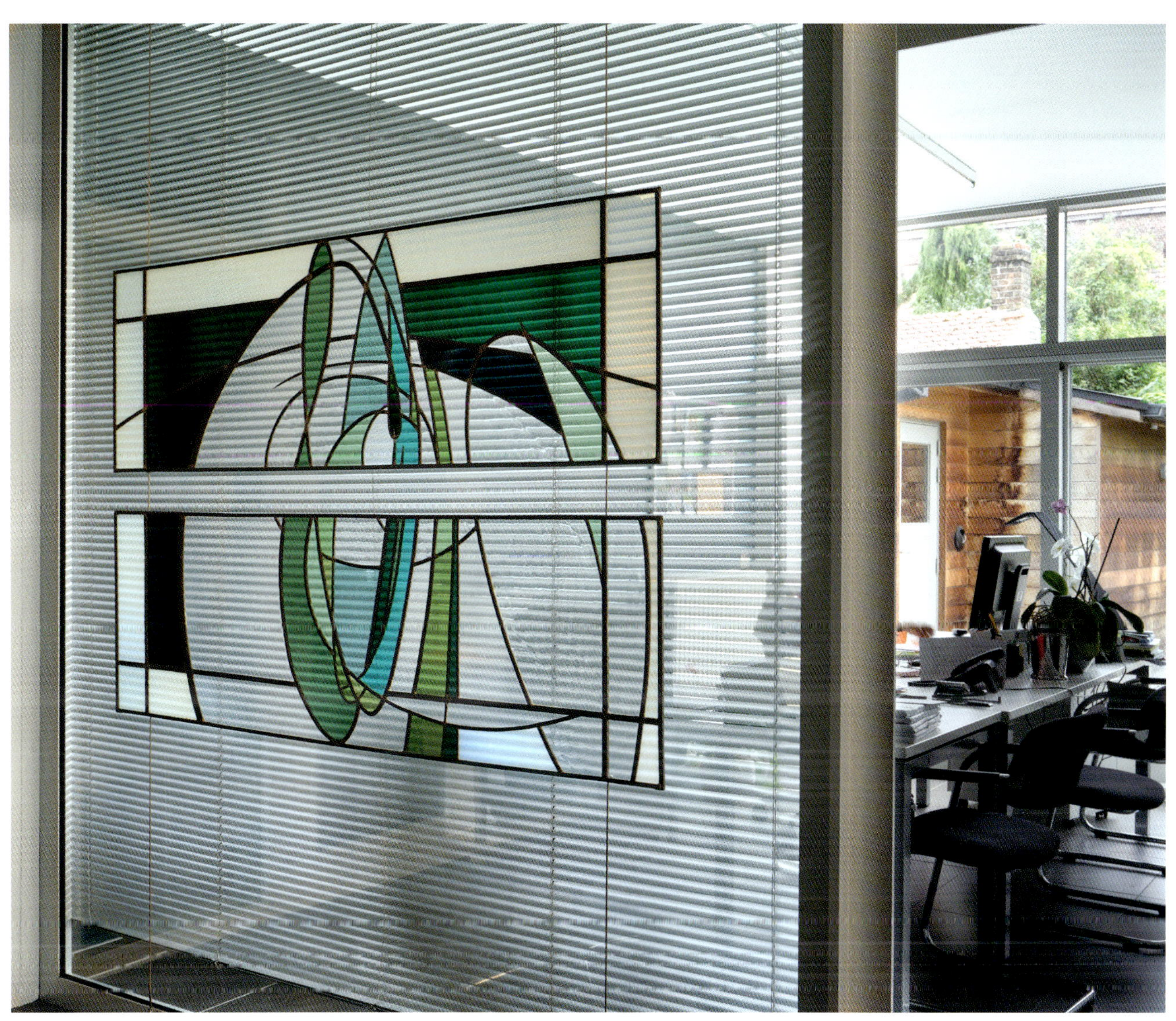

Office Beschut Wonen
2010, stained glass, Brugge

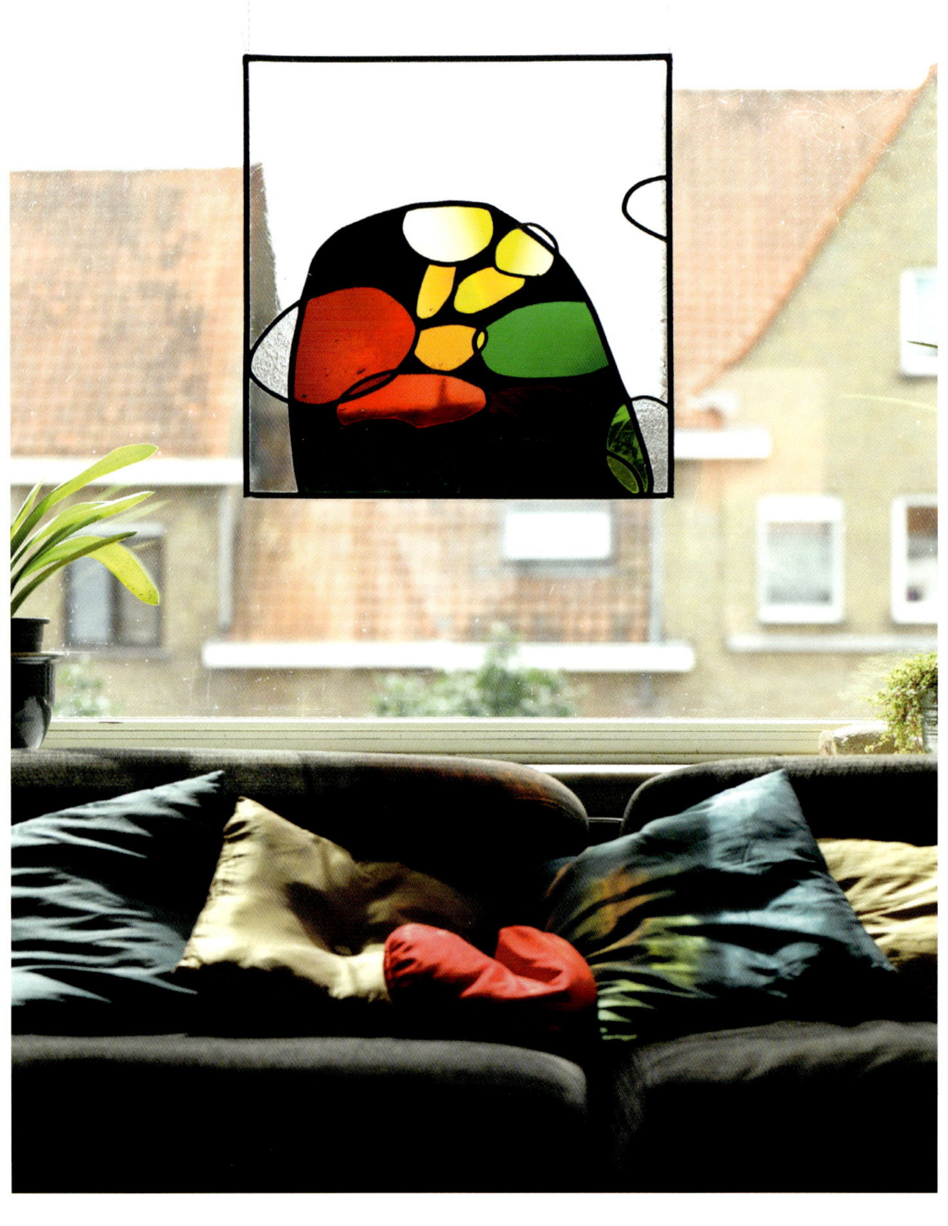

Untitled, 2005, stained glass, Brugge

Private commission, 2009, stained glass, Brugge

Private commission, 2016, stained glass, Houtave

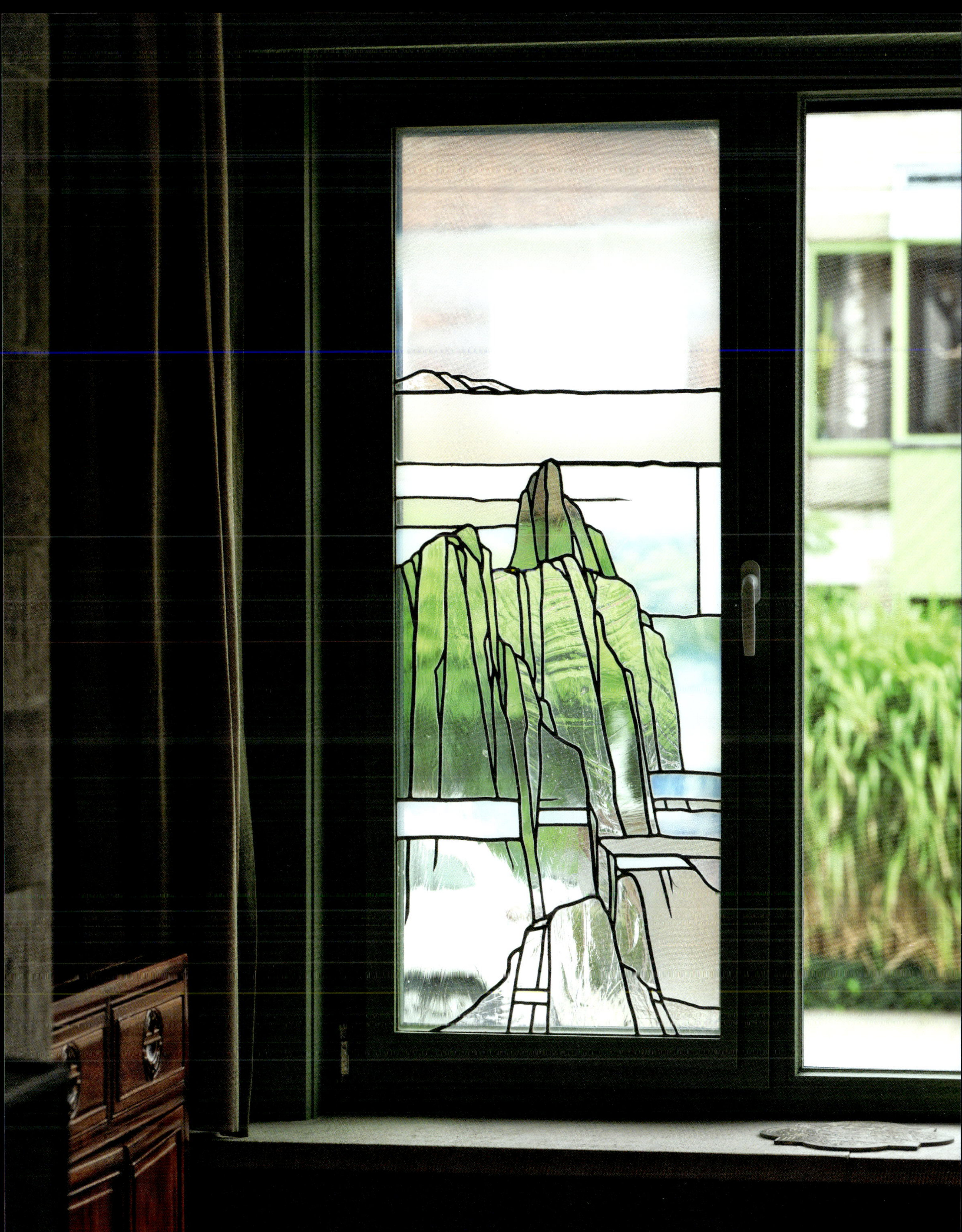

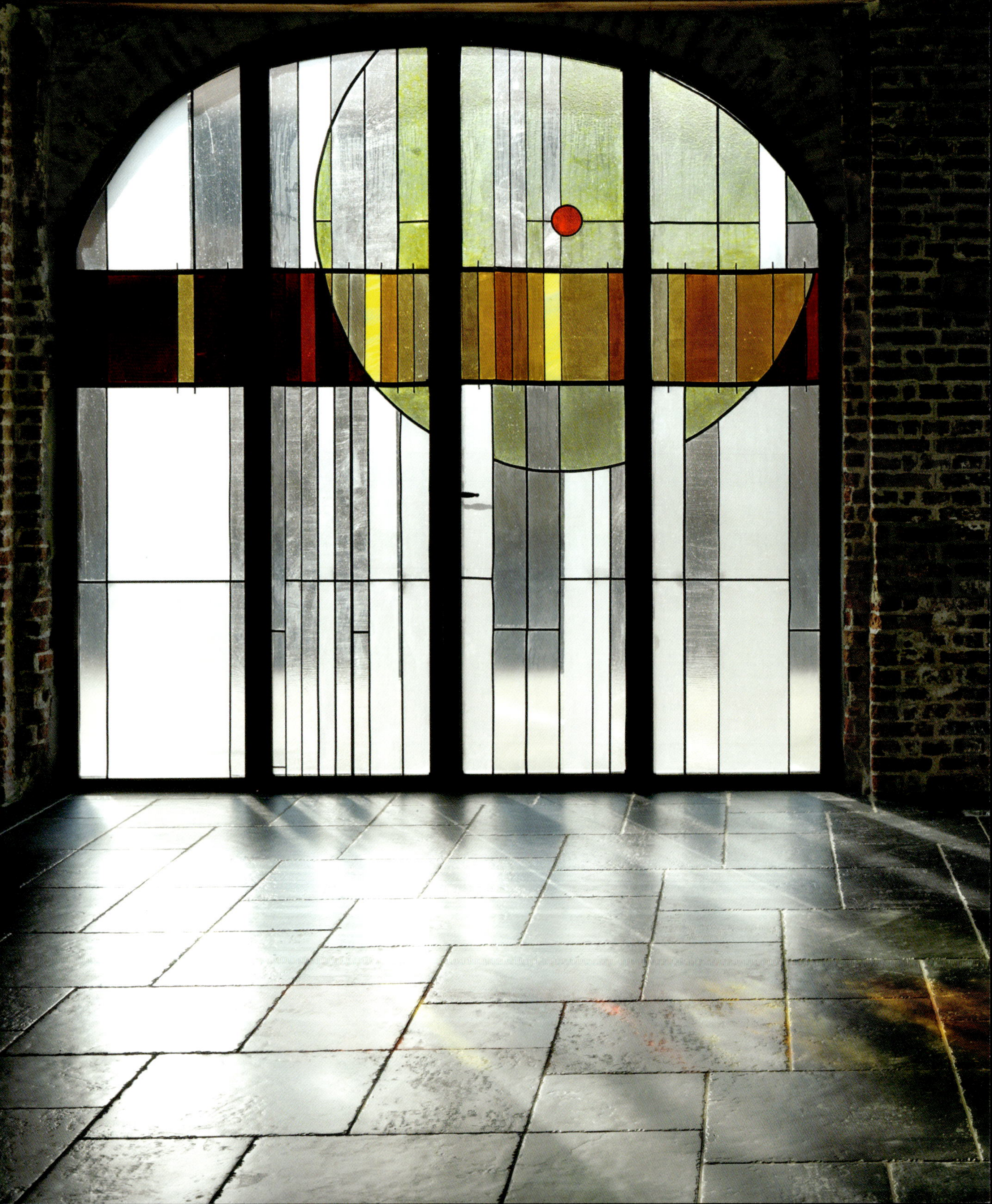

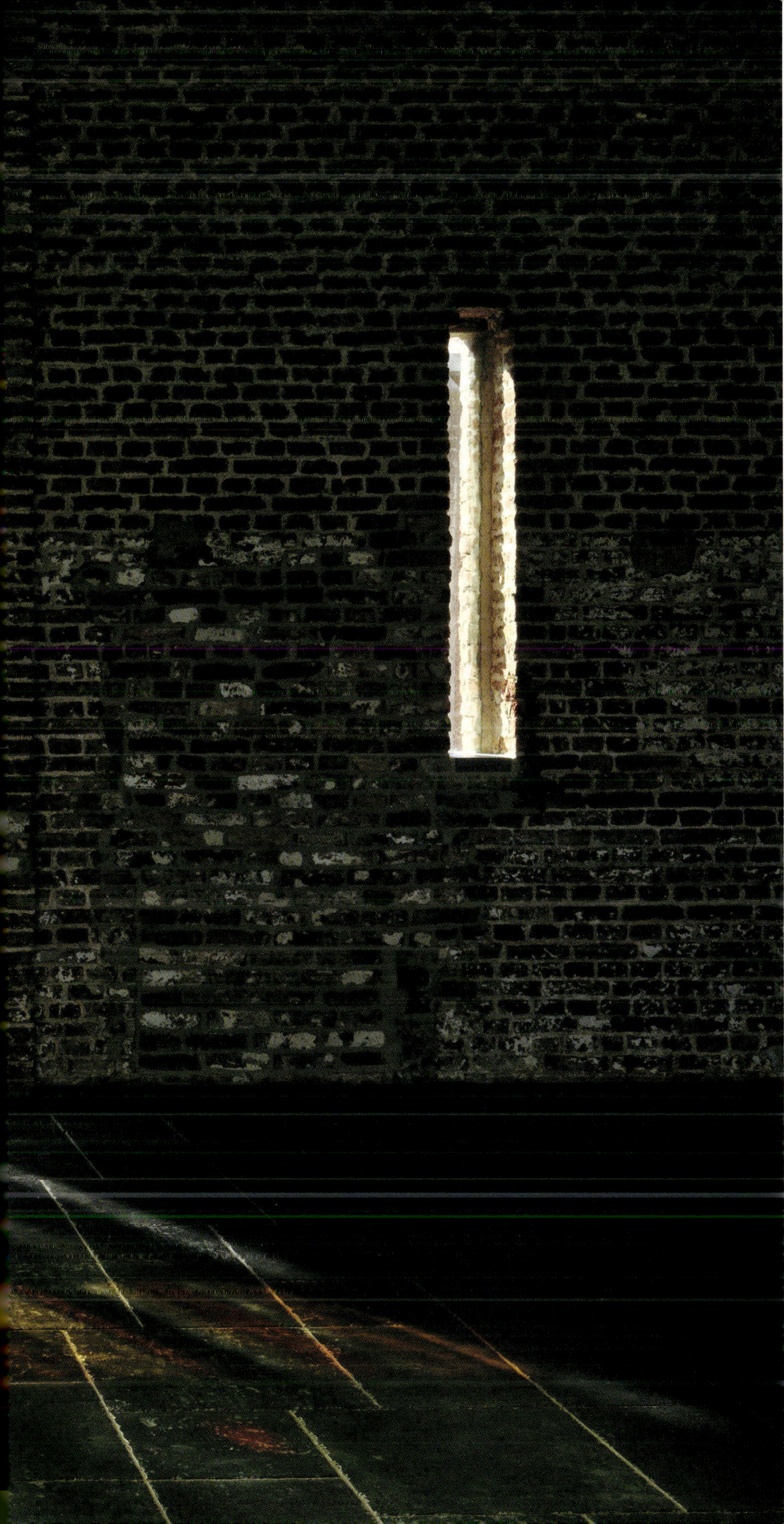

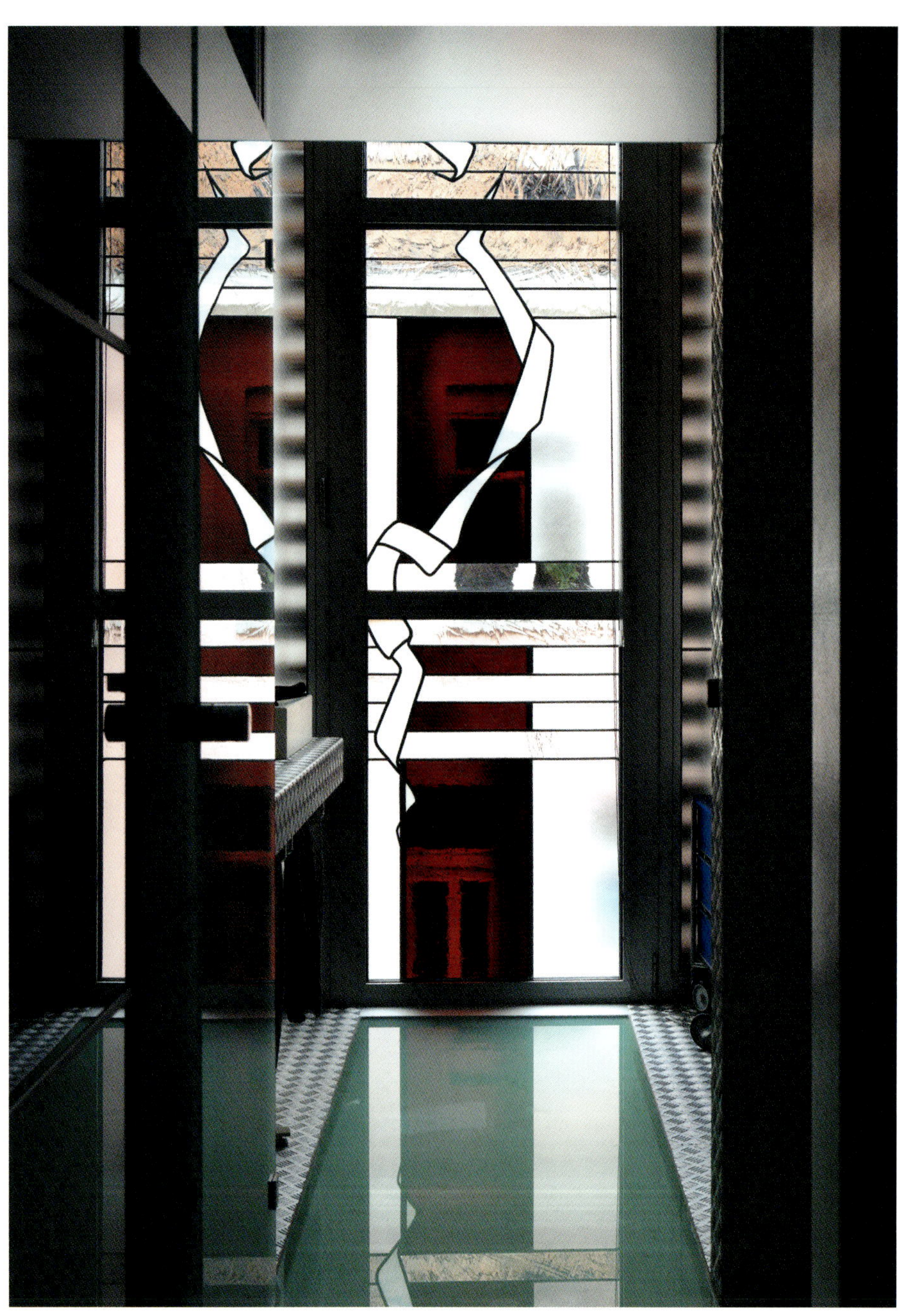

House facade - private commission
1996, stained glass in insolating glass, Brugge

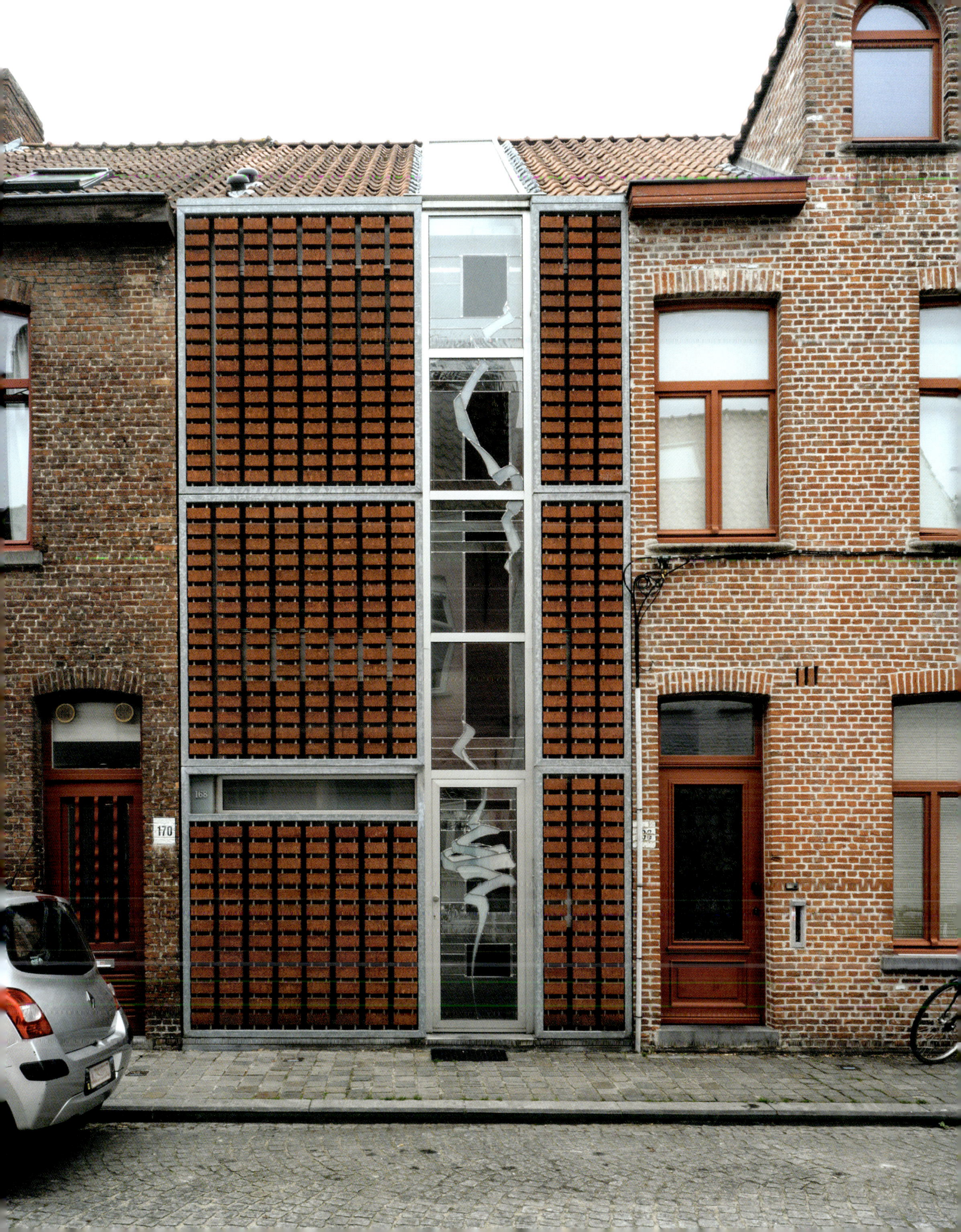
170
168

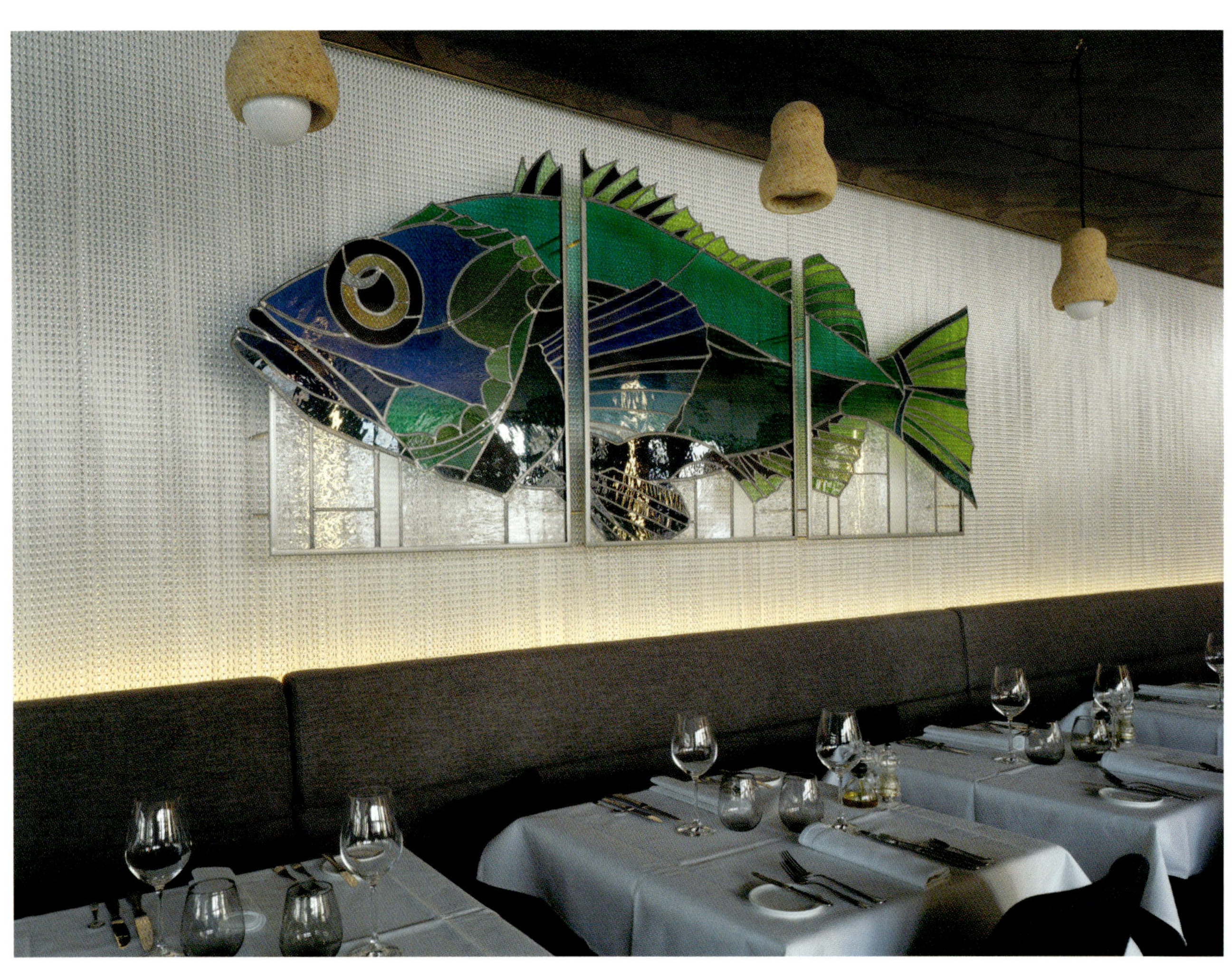

Restaurant commission
2000, stained glass, Heist

Private commission
1998, stained glass in insolating glass, Waregem

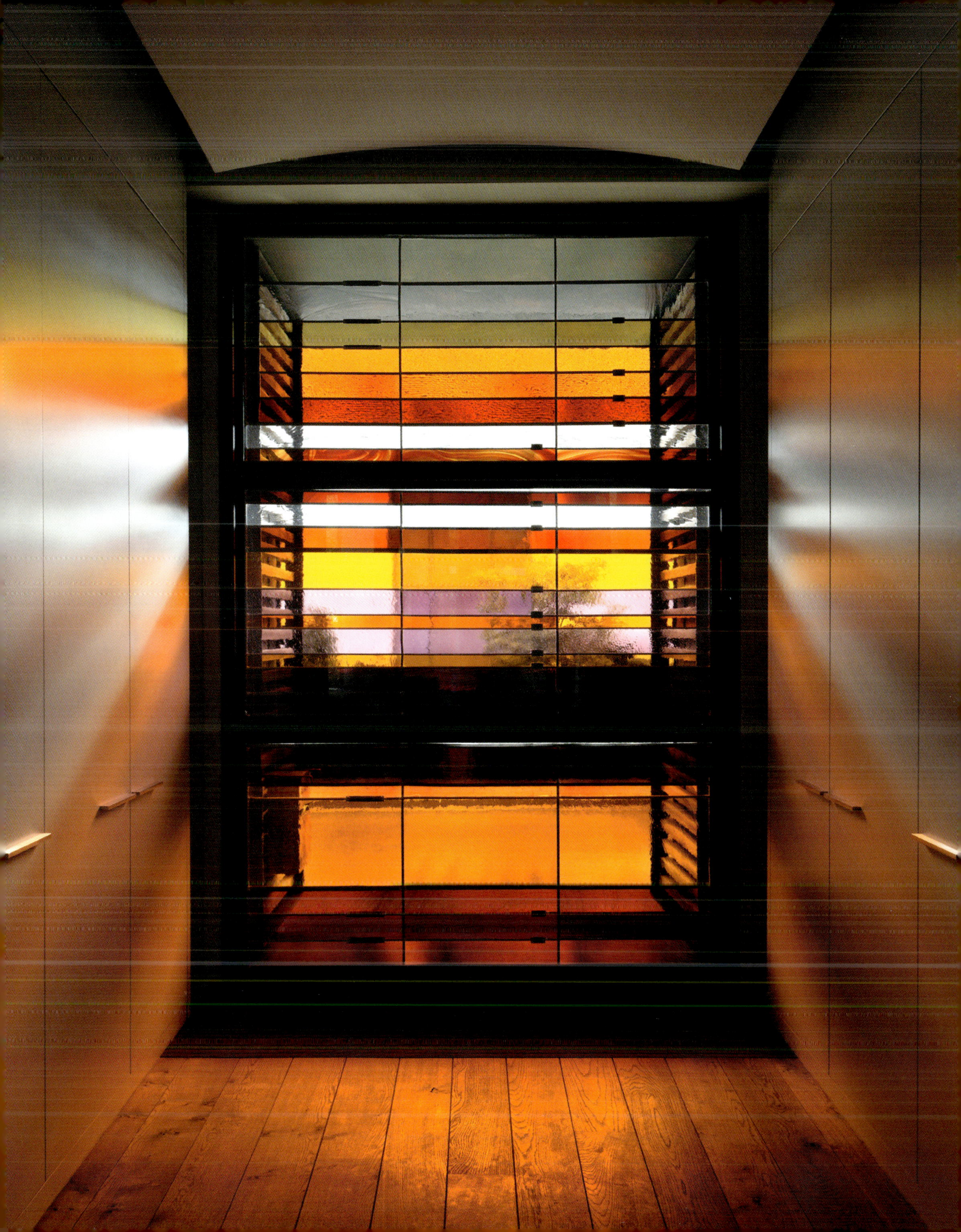

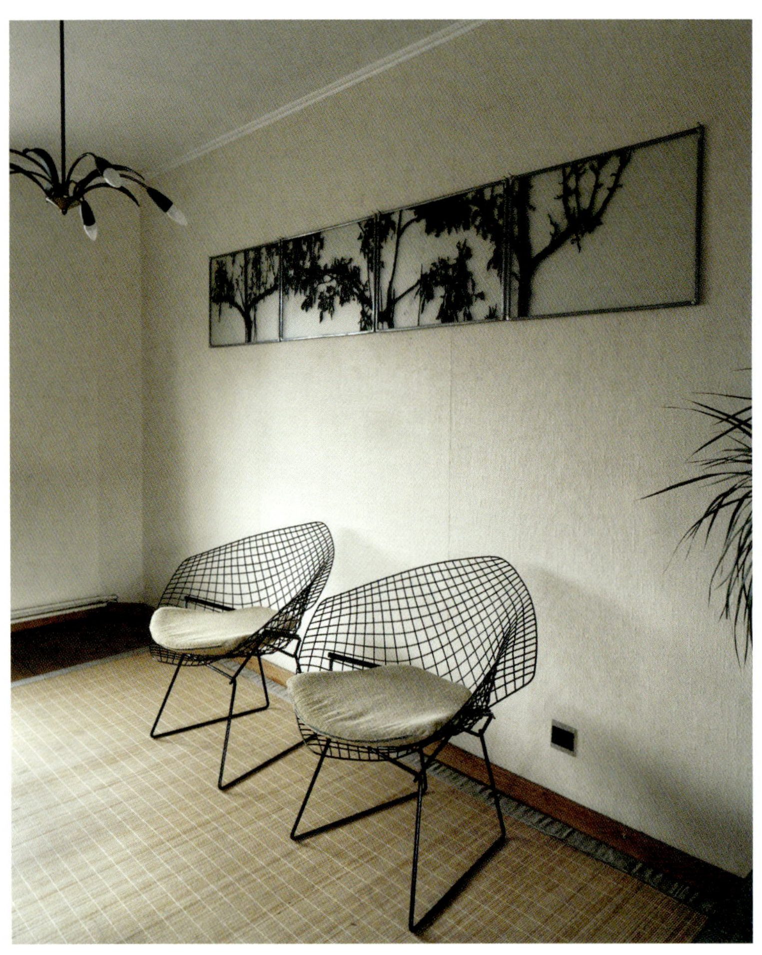

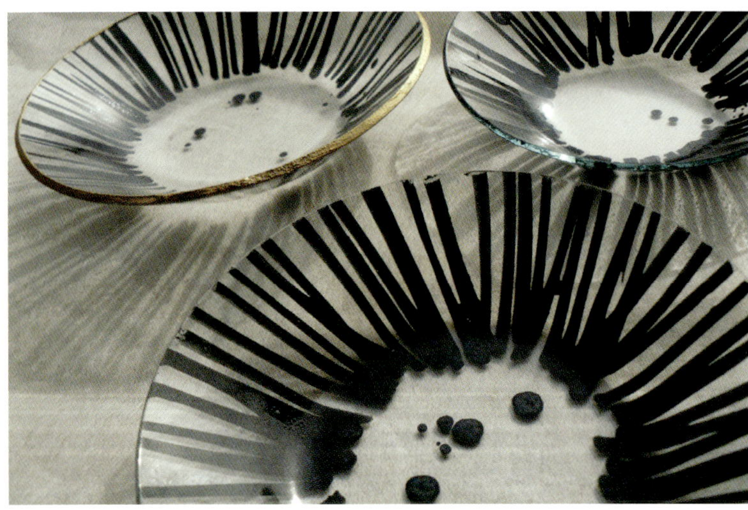

Mural
2014, painted glass

Collection of dishes
2007, slumped glass

Untitled
2015, stained glass, old frame
90 x 30 cm

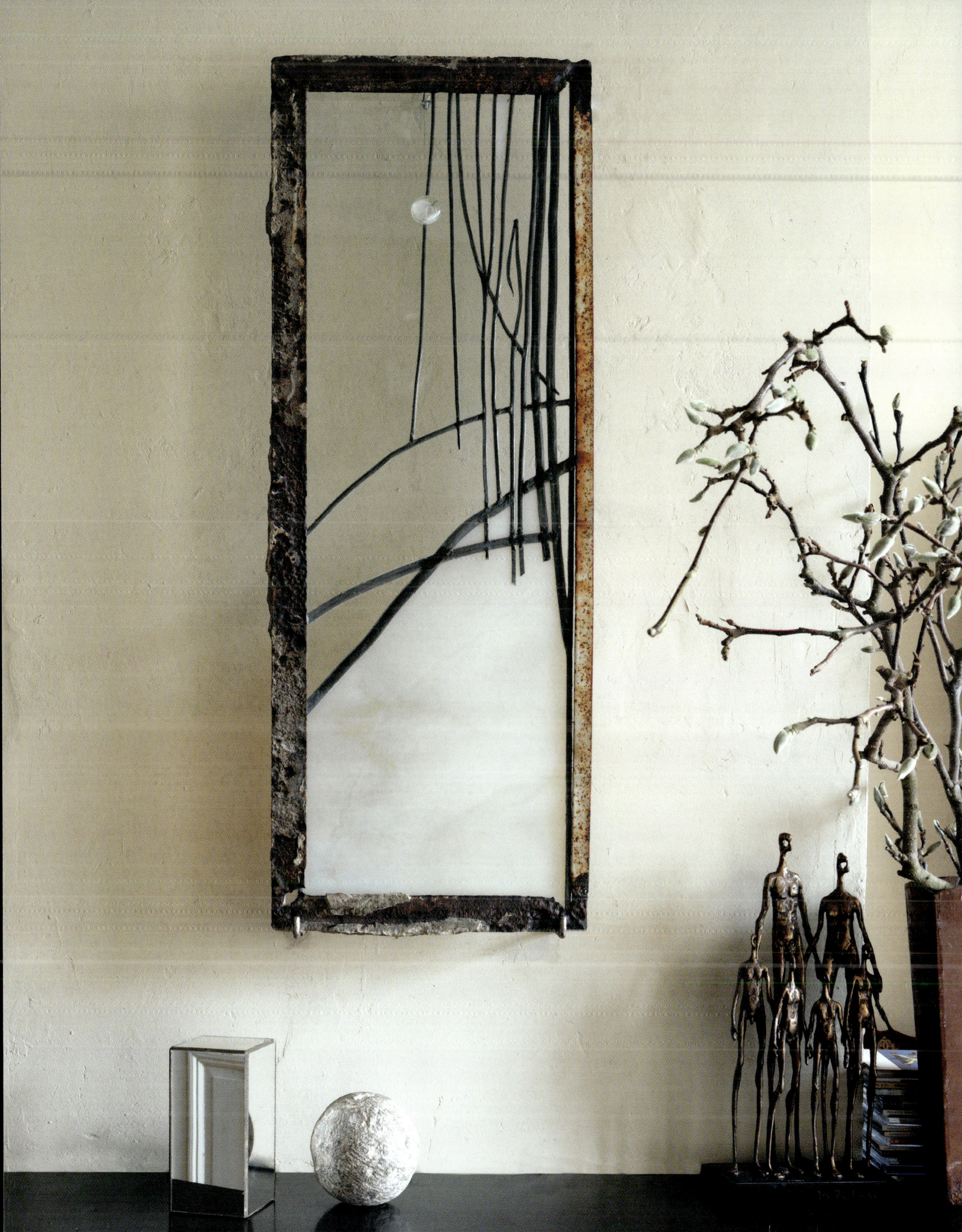

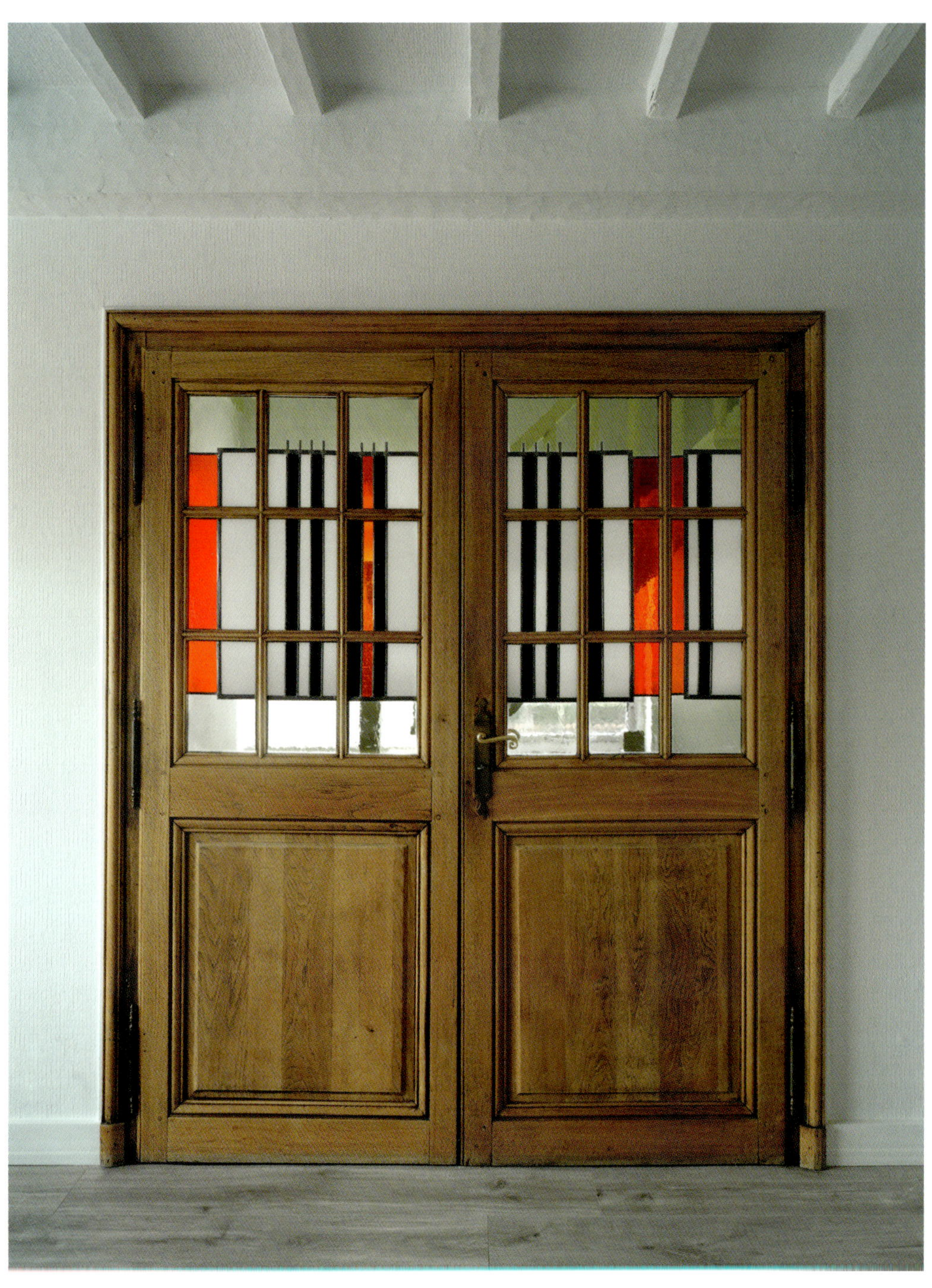

Private commission
2018, stained glass, Varsenare

Private commission
2017, painted glass in wooden door

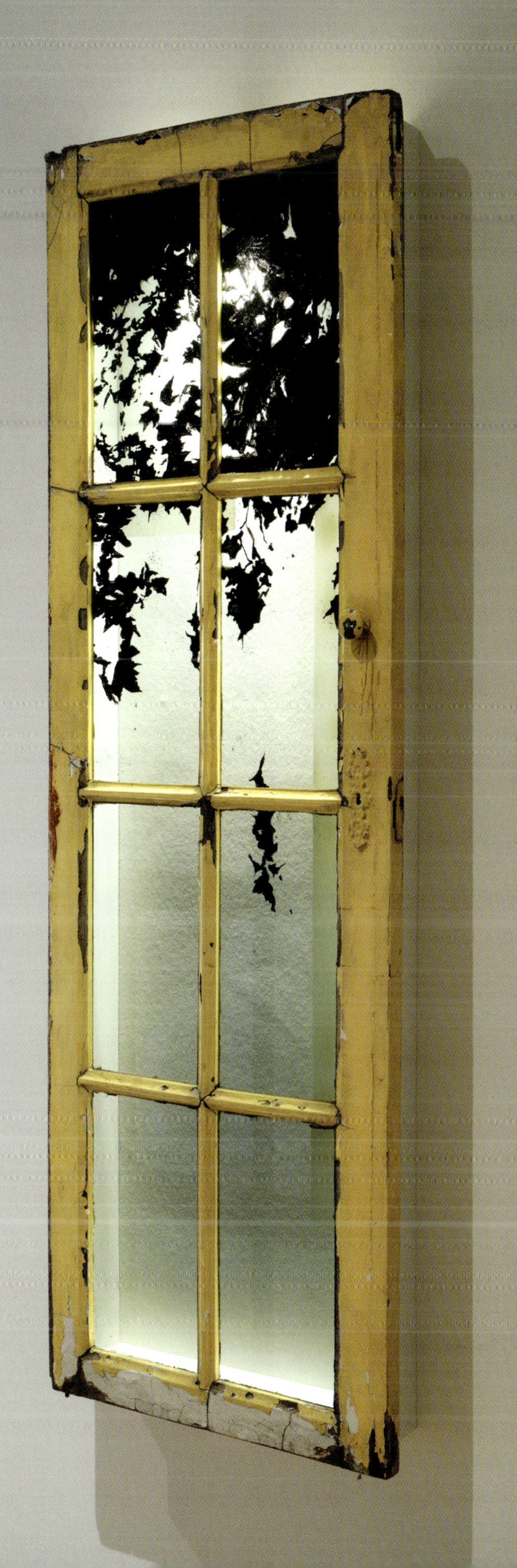

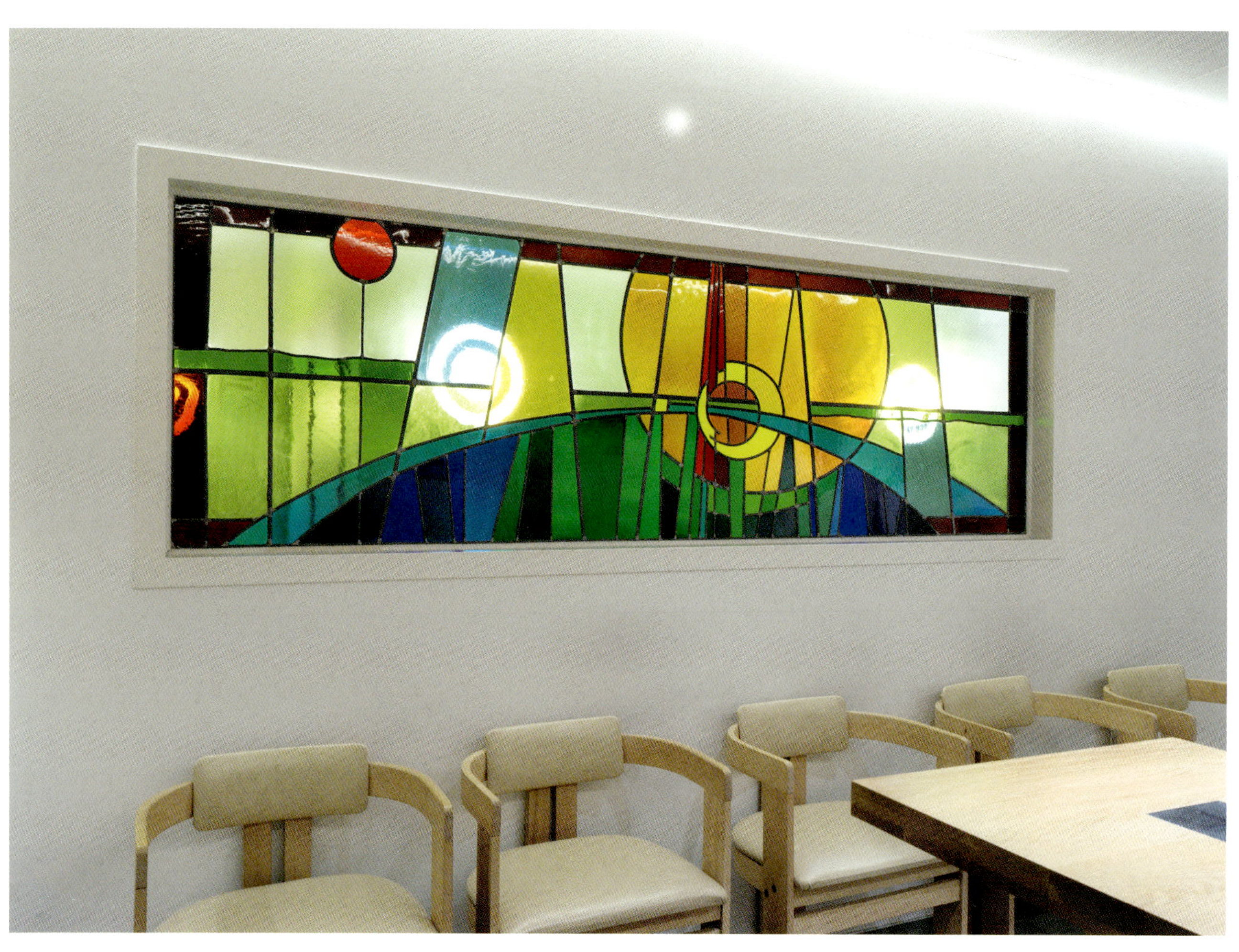

Hospital chapel
2014, stained glass, Ieper

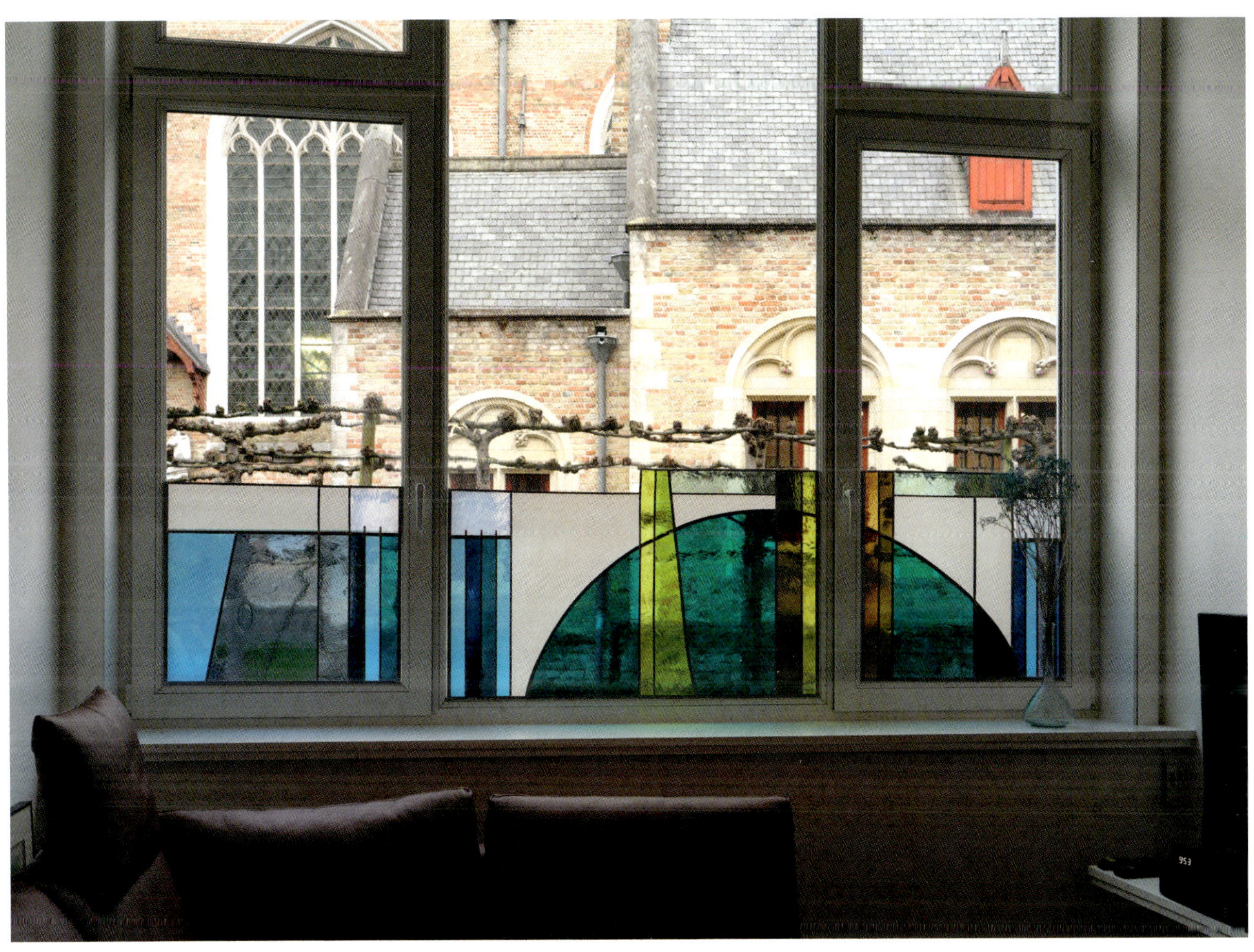

Private house
2018, Brugge

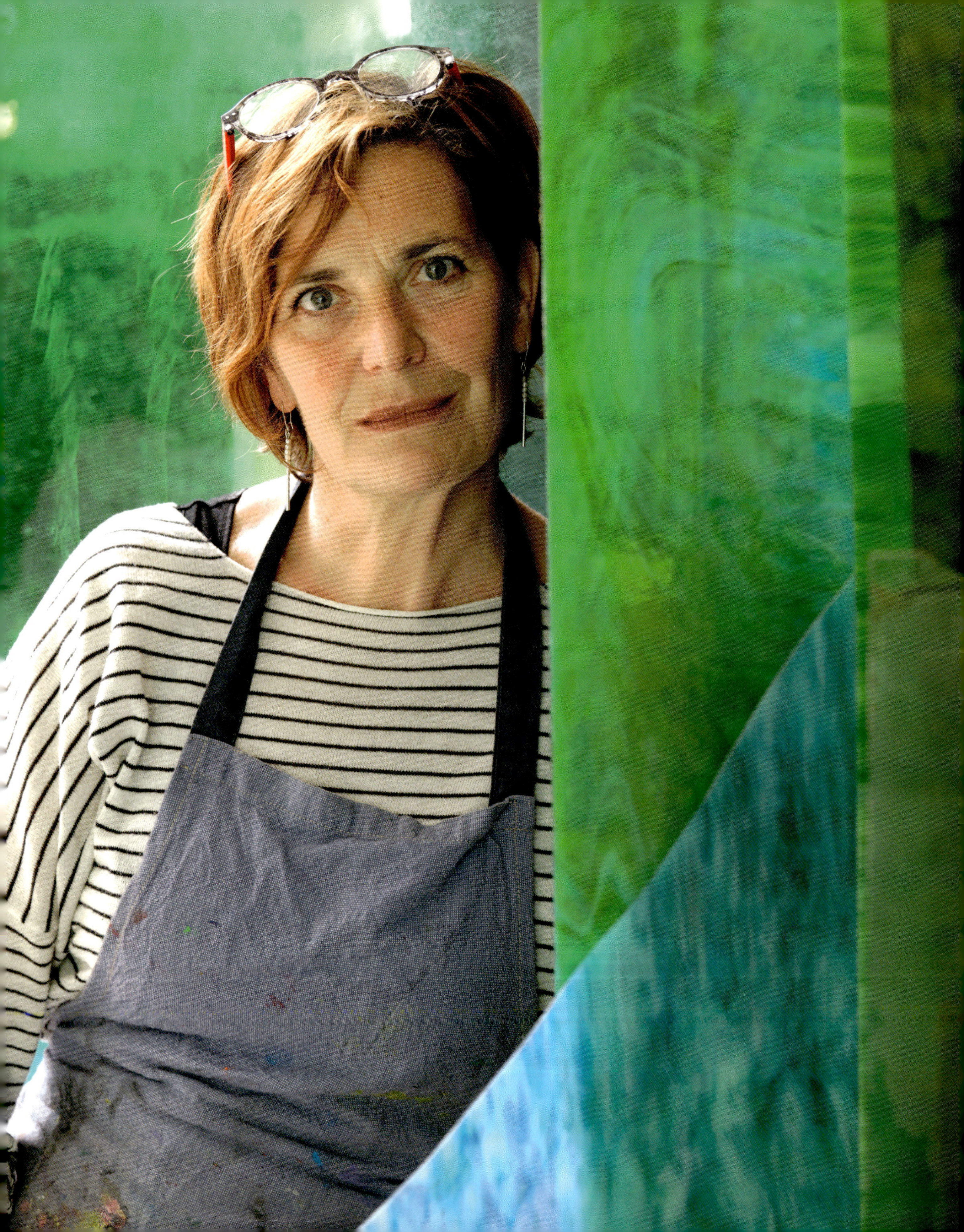

Biografie

Pia Burrick °1959, Brugge
Gehuwd met Jan Bonneure,
moeder van Timo en Jona Bonneure

Atelier - Fort Zevenbergen 8, 8200 Brugge

Studies

Koninklijk Atheneum, Brugge
afdeling kunst, 1970-1976

Koninklijke Academie voor
Schone Kunsten, Antwerpen
afdeling monumentalekunsten,
1977-1979

Sint-Lucasinstituut, Gent
Specialisatie glas en restauratie
glas-in-lood, 1980-1981

Loopbaan

Zelfstandig glaskunstenaar (atelier en permanente tentoonstelling op bovenstaand adres) sedert 1983.

Docente glaskunst aan de Stedelijke Academie voor Schone Kunsten te Brugge sedert 1990.

Docente beeldende vorming aan de Stedelijke Academie voor Schone Kunsten te Brugge sedert 1996.

Ateliers glaskunst bij Vorming Plus Brugge 2009 - 2012.

Onderscheidingen, selecties en prijzen (selectie)

1982 Eerste prijs 'Het Belgisch Glasraam', Brussel
1985 Selectie voor 'Homenatge à Joan Miro' (1e Concurs Internacional de Vitralls), Barcelona, Spanje
1986 Eervolle vermelding 'Marnixringprijs Felix De Boeck voor Glazenierskunst', Brussel
1988 Selectie voor 'Verriers Belges', Romont, Zwitserland
1989 Selectie voor 'Salon International du Vitrail', Chartres en Nimes, Frankrijk
1993 Selectie voor 'International Exhibition of Traditional Arts and Crafts', Taipei, Taiwan
1993 Selectie voor 'Le Vitrail Flamand Contemporain', Chartres, Frankrijk
2013 Laureaat in de Vierjaarlijkse Prijs voor Kunstambachten van de Provincie West-Vlaanderen

Individuele tentoonstellingen (selectie)

1984 De Wandelinghe, Brugge (met Koen Scherpereel)
1986 Cultuurcentrum (De Dijk), Brugge
1990 Thermae Palace Hotel, Oostende
1991 Galerie Nico Van Dale, Brugge
1993 Cultureel centrum De Zandloper, Wemmel
1994 Galerie Bogard Art, Brugge
1995 Galerie De Peperbusse, Oostende
1999 Landgoed Di Coylde, Beernem
1999 Cultureel centrum De Borre, Bierbeek
2000 Galerie El de Seo, Vlissingen, Nederland
2005 Hannah Interculturele Projecten, Herent (met Els Vos)
2008 'Glas en lood' (Vermeylenfonds), Speelmanskapel, Brugge
2010 'Mesdames', Café Parazzar, Brugge
2013 Tentoonstelling '30 jaar Pia Burrick', Jan Garemijnzaal, Brugge
2016 Tentoonstelling in CC GlaZ, Loppem (met Anne De Ghelder en Linda Six)
2017 Tentoonstelling in ö d'chatô, Lissewege (met Marcia De Backer)
2018 'Straffe vrouwen in de 1ste wereldoorlog', stadsarchief Brugge
2019 Pia Burrick 60, De Republiek en pand 33, Brugge, n.a.v publicatie boek Lines and Light
2019 Glas door Brugge, etalageroute

Groepstentoonstellingen (selectie)

1983 'Het Belgische Glasraam', Brussel
1985 'Homenatge à Joan Miro', Barcelona, Spanje
1985 'Kunstambacht in Vlaanderen', galerie 't Leerhuys, Brugge
1987 'Le Vitrail Belge Contemporain', Chartres, Frankrijk
1988 'Verriers Belges', Romont, Zwitserland
1988 'Sant 88', Brugge
1989 'Salon International du Vitrail', Chartres en Nimes, Frankrijk
1989 '5 vrouwen – 5 disciplines', galerie Het Zwanepand, Antwerpen
1991 'Beeldend Domein D'Hanins de Moerkerke… vandaag', Brugge
1991 'Transparant', cultureel centrum Den Hoekzak, Oostburg, Nederland
1991 'Kunst op de twaalfde', Erasmusuniversiteit, Nijmegen, Nederland
1993 'International Exhibition of Traditional Arts and Crafts, Taipei, Taiwan
1993 'Le Vitrail Flamand Contemporain', Chartes, Frankrijk
1995 'De Kus', galerie De Witte Beer, Brugge
1995 '1e Triënnale voor Vormgeving in Vlaanderen', Gent
1998 'Negen op de schaal van Richter', Fort Napoleon, Oostende
1998 'Cirhuit+', Brugge
1999 '9e Biënnale Hedendaagse Kunst', Aalter
2002 'Prijs van het Landschap Michel Depypere', Kuurne
2002 tentoonstellingen Perez de Malvenda (Brugge 2002, Culturele Hoofdstad van Europa), Brugge
2003 'Verbeelde Poëzie', Guido Gezellemuseum, Brugge
2003 'Lichfield 2003', abdij Herkenrode, Hasselt
2004 'Buren bij Kunstenaars', open ateliers in de provincie West-Vlaanderen (en alle volgende edities)
2005 'Artifact', International Contemporary Crafts Fair, Stadshallen Belfort, Brugge
2006 'Glaskunst', Stedelijke Academie, Waregem
2006 'Vrouw(en)… in confrontatie', O.L.Vrouwkerk, Zonnebeke
2006 'GLASKLASse', Novotel, brugge
2007 'Kunstroute' (hommage aan Koen Scherpereel), Zuienkerke
2008 'Mater', (YOT), Magdalenakerk, Brugge
2008 'AHA', Assenede
2009 '20 X 20', Galerie Indigo, Damme
2009 'Lissewege Lichtdorp'
2009 - 2010 'Rood', Vlaamse glaskunstenaars, AS, Waregem, Brugge
2010 'Er was eens', glastentoonstelling in beschermde elektriciteitscentrale, Zwevegem
2010 'LICHT', 5 letters inspiratie voor 5 ateliers, Brugge
2013 'vierjaarlijkse prijs kunstambachten', Provincie West-Vlaanderen, Oude Kerk, Vichte
2014 'WARUM? ieder zijn oorlog', kerk en museum, Zonnebeke
2015 'Kunst in de Troost', Klooster de Troost, Vilvoorde
2015 'IK HEB WEL', pep in gen, Gooik
2018 'Internationale Glaskunstbiënnale', Gemeenschapscentrum Den Breughel, Haacht

Realisaties

Talrijke eigen creaties en realisaties in restaurants, handelszaken, religieuze gebouwen en privé-woningen in binnen- en buitenland. Werk aangekocht door de provincie West-Vlaanderen.

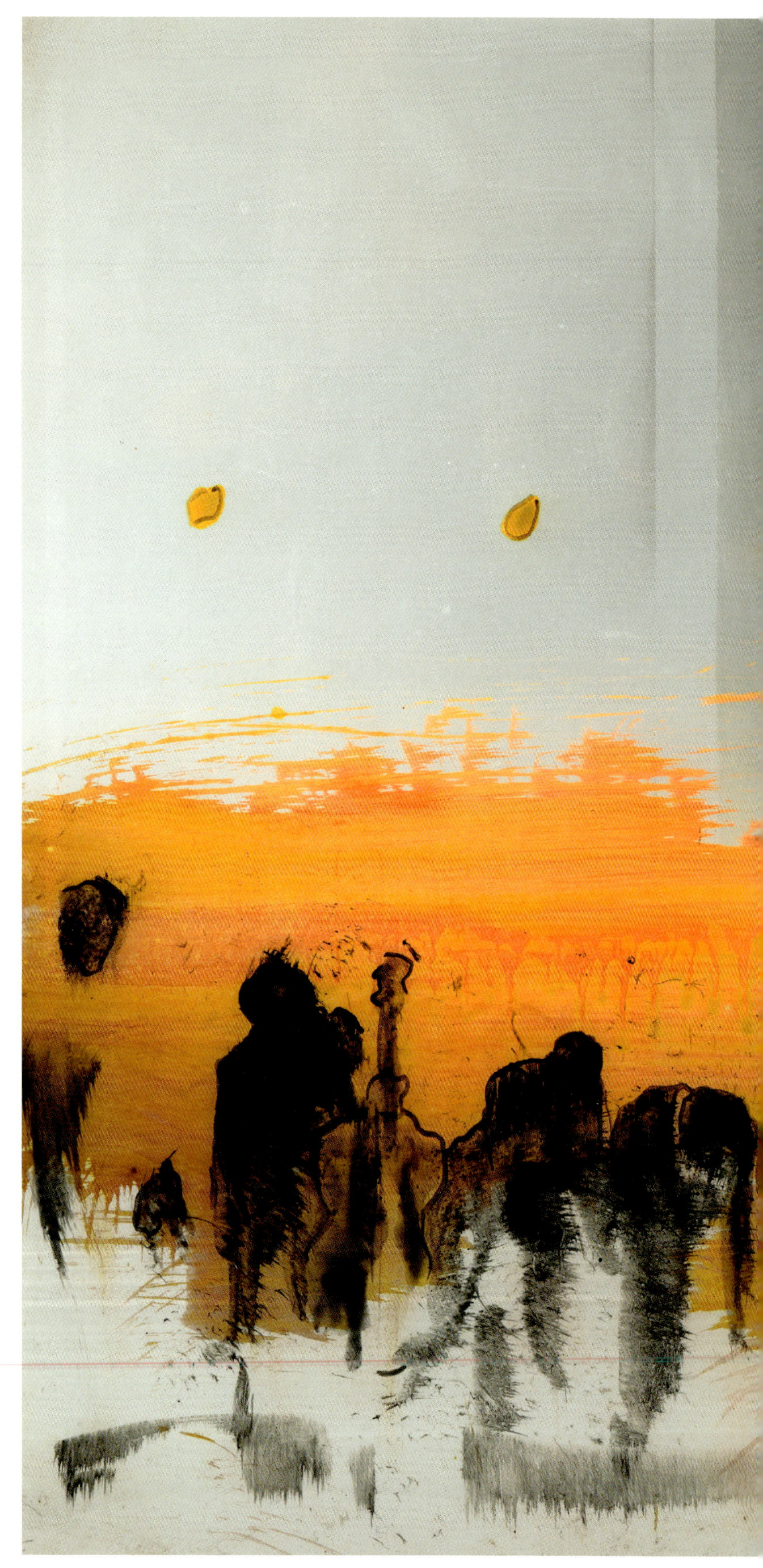

Thank you, Michael Nyman
2014, stained glass
55 x 65 cm

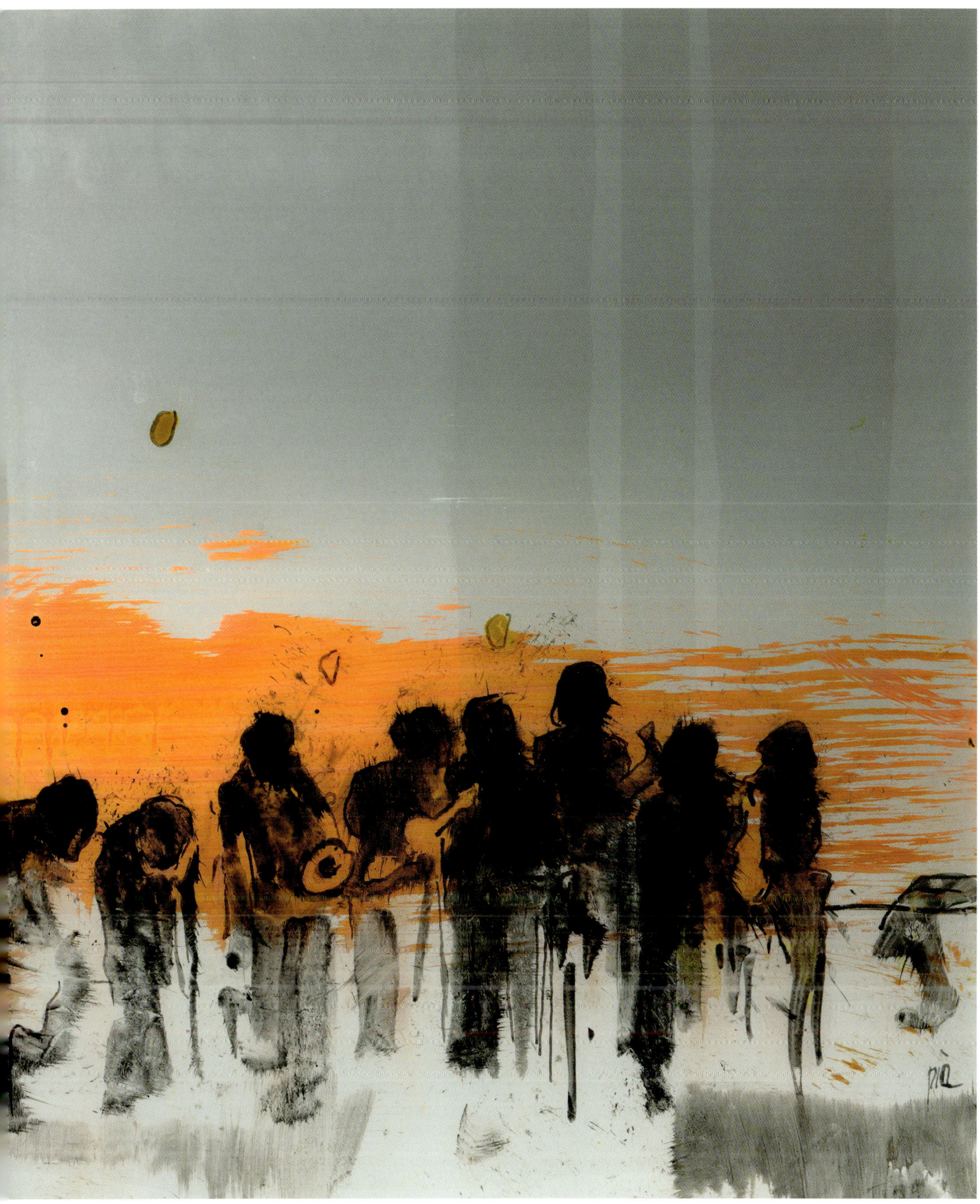

Glaswerken / projecten
Pia Burrick
www.piaburrickglaskunst.be

Auteurs
Johan Debruyne
Eline Maeyens

Fotografie
Dominique Provost

Vormgeving
Timo Bonneure

Een uitgave van
Stichting Kunstboek bvba
Legeweg 165, 8020 Oostkamp (BE)
Tel. +32 50 46 19 10
info@stichtingkunstboek.com
www.stichtingkunstboek.be

Een woord van dank ben ik verschuldigd aan

Jan Bonneure, mijn man, steun en toeverlaat

Timo, mijn zoon en grafisch ontwerper van dit boek, voor zijn eindeloze geduld

Eric Burrick, papa, aan wie ik onrechtstreeks alles te danken heb

Fernand Bonneure, mijn schoonvader, die het initiatief nam voor dit boek

Johan De Bruyne, Dominique Provost, Eline Maeyens, Annemie Bonneure en Johan Beuckels voor hun medewerking

Jaak Van Damme en Karel Puype van Stichting Kunstboek

Stad Brugge voor de financiële ondersteuning van het project.

ISBN 978-90-5856-613-3
D/2019/6407/4
NUR 655

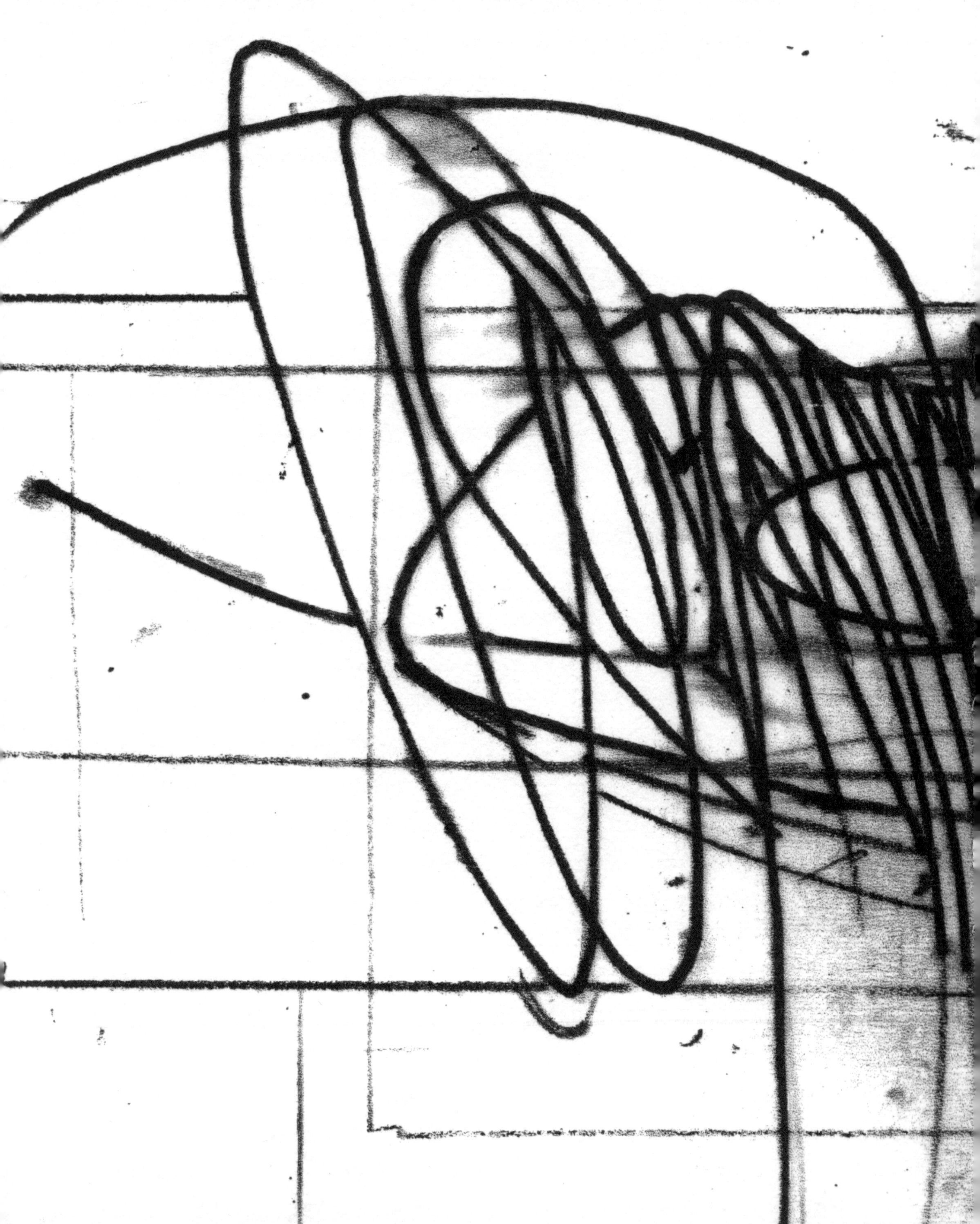